长空自游系列

最潮减压度假地

阁沙梅岛+阁帕岸岛（帕岸岛）阁道岛（龟岛）

（苏梅岛）

（第1版）

陈子聪　编著　胡振文　摄

中国旅游出版社

责任编辑： 陈　冰　吴博雅
责任印制： 冯冬青
设计制作： 中文天地

图书在版编目（CIP）数据

阁沙梅岛（苏梅岛）+阁帕岸岛（帕岸岛）阁道岛（龟岛）/ 陈子聪编著；胡振文摄. -- 北京：中国旅游出版社, 2014.3

（长空自游系列. 最潮减压度假地）

ISBN 978-7-5032-4868-9

Ⅰ. ①阁… Ⅱ. ①陈… ②胡… Ⅲ. ①旅游指南－泰国 Ⅳ. ①K933.69

中国版本图书馆CIP数据核字（2013）第298576号

北京市版权局著作权合同登记号：图字 01-2013-6071
审图号：GS（2013）2711号　本书插图系原文原图

书　　名： 阁沙梅岛（苏梅岛）+阁帕岸岛（帕岸岛）阁道岛（龟岛）

编　　著： 陈子聪
摄　　影： 胡振文
出版发行： 中国旅游出版社
（北京建国门内大街甲9号　邮编：100005）
http://www.cttp.net.cn　E-mail:cttp@cnta.gov.cn
营销中心电话：010-85166503
排　　版： 北京中文天地文化艺术有限公司
经　　销： 全国各地新华书店
印　　刷： 北京金吉士印刷有限责任公司
版　　次： 2014年3月第1版　2014年3月第1版第1次印刷
开　　本： 880毫米×1230毫米　1/32
印　　张： 7.5
字　　数： 329千
定　　价： 52.00元
ＩＳＢＮ 978-7-5032-4868-9

作者的话

越来越受注目的度假胜地

五年前，一般人想起去泰国南部度假，通常也只会想起普吉岛；五年后的今天，游客们除了想起普吉岛外，还会想到阁沙梅岛（苏梅岛），可以说，如今阁沙梅岛（苏梅岛）的受欢迎程度已与普吉岛平起平坐，成为泰国南部两大最热门的度假小岛之一了。

自成一国的康莱德度假村，是阁沙梅岛最新的度假村之一，虽然房价不算便宜，但不少住过的客人都大赞物有所值。

阁沙梅岛其实与普吉岛有点相似，两者的自然风光同样秀丽，四季皆宜，而且大型休闲度假村林立，也是休息放松的好地方，想夜游？查汶也可以满足你。但近两年来，阁沙梅岛的发展比普吉岛更迅速，更多国际酒店集团进驻当地，发展势头比普吉岛更强，难怪不少名人红星，例如香港的行政长官梁振英，艺人钱家乐、容祖儿及台湾艺人言承旭等也选择来这里度假了。

在本书中，除了最新的资讯外，还收录了多间备受欢迎的全新大型度假村，如康莱德度假村（Conrad）及Intercontinental等，相对于其他度假目的地，阁沙梅岛的度假村设备新颖齐全，且价格合理，尤其是参加组团旅行的话就更加优惠，实在是性价比超高的选择呢。

W Hotel是有名的高级酒店集团，其在阁沙梅岛的度假村W Retreat Koh Samui更贯彻集团的奢华与休闲风，旺季期间一房难求。

陈子聪
如有任何旅游问题及对本书之意见，
欢迎随时E-mail给我们：
info@skyyer.com

作者介绍：陈子聪

从小喜欢周游列国，只看旅游书和世界地图，决心环游世界。嗜好很多，最爱到冰天雪地的地方，越寒冷越兴奋，每天只休息三四个小时，每次都走至"脚断"。自大学时期旅行上瘾后，每次回港都把行程尽记于博客中，因而加入旅游记者行列。

目录Contents

阁帕岸岛（帕岸岛）
满月派对狂欢
P.5~9

阁沙梅岛（苏梅岛）
特色度假村食住行推荐
P.18~19

查汶
终极消暑 -7℃的冰吧
P.50

曾蒙海滩
建在湖上的
千手观音寺
P.157

阁道岛（龟岛）
潜水天堂
P.225~230

解构阁帕岸岛（帕岸岛）3大派对

一生总要去疯一次

FULL MOON PARTY

满月派对（Fullmoon Party）被誉为世界上三大狂野派对之一，其实举行派对的是阁沙梅岛（苏梅岛）以北的阁帕岸岛（帕岸岛）。

在这座宁静的小岛上，二十多年来，每逢月圆之夜，成千上万来自世界各地、不同肤色、种族的年轻男女慕名涌到沙滩，在月光引力下喝酒狂欢舞动。火，成了这里的标记，当火亮起来，振奋人心的音乐和劲舞随之而起，参加者不分你我，在沙滩舞池上狂欢直至晨光破晓。

狂欢在阁帕岸岛（帕岸岛）已经不只限于月圆之夜，除了满月派对外，现在还有新月之夜和弦月之夜，以及半月派对（Half Moon Party）和黑月派对（Black Moon Party），在不同的沙滩和日子举行。处处都是火焰，上演一幕幕火热动感的盛会。即刻解构阁帕岸岛（帕岸岛）3大狂野派对！

林海滩 No.1 满月派对 Full Moon Party

MAP P.214 B2

二十多年前，一群欧美的背包客来到宁静、尚未开发的阁帕岸岛（帕岸岛），在岛上长达 2 公里的林海滩沙滩举办了一场沙滩生日派对，由于派对感觉良好，之后决定重回这里再办一次，又发现这儿的圆月特别迷人，从此便借圆月之名举办派对，经过二十多年来不断流传海外，最后成为世上 3 大狂野派对之一，与印度果阿的迷幻海滩派对和西班牙的 Ibiza Party 齐名，甚至被誉为一生总要去一次的派对，变成旅游阁帕岸岛（帕岸岛）的最大卖点！

入场时派发的腕带，每年的设计也都一样。

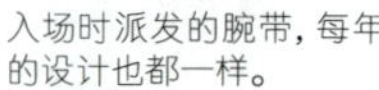

2014年全年满月派对举行日期			
1月15日	4月14日	7月13日	10月8日
2月15日	5月14日	8月10日	11月6日
3月15日	6月12日	9月8日	12月6日

注：满月派对举行日期并非只限于农历十五，会因泰国假期和皇室活动而改变，出发前敬请留意。

快速寻找

由阁沙梅岛（苏梅岛）出发，可在曾蒙海滩Big Buddha旁的码头坐慢船至阁帕岸岛（帕岸岛）的Haad Rin码头，航程约40分钟，收费฿200。从Haad Rin码头步行约10分钟即达Haad Rin沙滩。

资料

举行地点： Haad Rin Nok Beach, Amphur Koh Phangan, Suratthani

泰文地址： หาดริ้นนอกอำเภอเกาะพะงันสุราษฎร์ธานี

开始时间： 黄昏后

入场费： ฿100

*送腕带一条。

专家指点：在阁沙梅岛（苏梅岛）过夜较佳

由于阁帕岸岛（帕岸岛）住宿地点有限，而且交通不便、景点颇小，所以大多数游客选择当晚凌晨回阁沙梅岛（苏梅岛）过夜。满月派对举行当晚，来往阁沙梅岛（苏梅岛）和阁帕岸岛（帕岸岛）的船只大多通宵行驶，而且班次频繁。阁沙梅岛（苏梅岛）的酒店大部分也提供前往满月派对的订票服务，只要持有收据便可到码头领取吊牌，回程时以吊牌识别。

如果在阁帕岸岛（帕岸岛）上过夜，可在林海滩大路上找双排车前往酒店，车费฿100~฿200，视乎路程长短而异。若要前往阁帕岸岛（帕岸岛）东面的酒店，则可以在林海滩上找水上出租车，但风浪较大的日子就只有陆路交通。

长尾船是岛上流行的交通工具，来往各滩之间相当省时方便，但坐船时谨记注意安全。

派对行程表

派对刚开始，人群从四面八方涌入林海滩，沿途找地方吃饭及买酒。

多数人趁这段时间人少而到处拍照留念，此处地标是必拍位置。

大部分人开始有几分醉意，情绪也开始高涨，有些人不畏危险爬到沙滩两侧的音响器材上，跟随劲歌舞动起来。

沙滩上开始有人表演各式火舞，甚至跳火绳。

沙滩各处都设立起舞池，响起强劲音乐！但部分人已喝醉。

越接近午夜气氛越浓烈，各处燃起火棚，引来人群涌到棚前跳舞。

零时过后，人人相识满天下，一桶桶的酒就成为新相识的见面礼。

众人已经完全陶醉在音乐之中，只要可以站起来的高台都变成舞池，盛况一直延续至海面。

满月节目

别以为满月派对只适合喜欢夜生活的年轻人，实际上它老少皆宜，在沙滩上不乏小孩子和老人家前来见识的踪影，针对不同人士有不同活动。

沙滩上有很多拍照位，主办单位也在场内燃起多座火焰标语，但拍摄时动作要快，否则火很快熄灭！

大批参加者聚集到大型音响设备前跳舞，部分地方更有灯光效果，感觉更佳。

来这里很容易便认识到来自世界各地的朋友。

在沙滩沿岸有舞火、跳火绳和火焰连步舞表演。最终极的火舞表演是踩着点了火的高桥再舞火把！

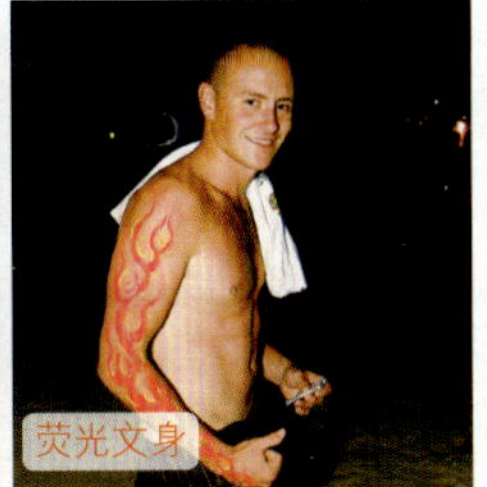

在沙滩旁的小摊有多种图案选择，这些文身洗澡便可以洗掉，绝无痕迹。收费约฿200

刺激类· 跳火绳及火焰连步舞

酒除了可以喝之外，也是派对的易燃物品。如果你无惧被火烧着的危险，又或者喜欢寻求刺激，那么派对中最受欢迎的跳火绳和火焰连步舞绝对是你的不二之选！不过也要注意，最好不要穿易着火的衣服参加这些活动。当然，地上的沙是最天然的灭火工具。

跳大火绳有时可多达十人一起跳，也不是容易的事。

火焰连步舞极考验腰力与胆量，为安全最好湿身玩。

满月派对饮食

整个满月派对从黄昏一直持续到翌日清晨，全程长达12小时。除了喝酒外，吃美食也十分重要，在Haad Rin海滩与街道上均有不少餐厅和摊档可供选择，就让我们看看这里的派对食物都有哪些吧！

必试！桶装酒

满月派对中最具代表性的莫过于到处可见的小酒摊售卖的桶装酒，塑胶桶内通常包括一瓶烈酒（泰国威士忌、琴酒或伏特加）、汽水及红牛，配搭任君选择，勾兑便变成泰式鸡尾酒！桶装酒价钱并不贵，最便宜只要฿150，若是进口伏特加则略贵，可讲价。

不过，这种饮酒方法喝醉的概率颇高，谨记要适可而止，也可以问卖家多拿几支饮管跟朋友一起享用。除了桶装酒外，也有普通的酒类供应，包括啤酒和其他果味酒，不过没有桶装酒那么受欢迎。

桶装酒要用吸管喝，酒量浅的请多喝汽水！฿150~300

前往Haad Rin的路上已有很多卖酒摊档，虽比入场后的档口便宜，但需拿着酒走路，还是入场后再买较好。

大部分酒档招牌也以粗口F××K吸引顾客，已成Full Moon特色。

伏特加啫喱（Vodka Jelly）

除了喝酒以外，还有新兴的酒精甜品，就是由伏特加制成的啫喱，味道甜而且只售฿40，绝对比喝下一桶泰式鸡尾酒安全，女孩子尤其喜欢，值得推荐。

伏特加啫喱的摊档色彩丰富，不过也不要吃太多，否则一样会醉。฿40

餐厅

在林海滩的大街上有多家饭店，包括简单的清淡爽口的食物如三明治，泰国菜馆和西餐厅，即使适逢满月派对收费也不贵。

在林海滩的三明治店，24小时营业，即使在派对中饿了也不用担心。

酒吧

有些游人喜欢坐在海边饮酒、吃点小吃，故部分酒吧在二楼会设有雅座，除了舒服一点之外，也可从高处俯瞰整个满月派对盛况，绝对是中途休息的好去处。

位于海滩旁的Drop in Club，在这里二楼更可以坐下欣赏跳火绳表演。

专家指点：派对源自以色列？

在满月派对位处的林海滩，以至派对大大小小的摊档和装饰物均见以色列国旗，原因有二。首先，主办者表示以色列国旗中的星跟派对上悬吊的发光装饰十分相似，故索性把国旗和希伯来文字放进派对中。其次，每逢夏季，岛上八成游客都来自以色列，所以岛上大大小小的派对和商店也加上希伯来文以方便他们。

小吃摊

在海滩沿岸和小街内有很多小摊档，提供不同种类的小吃，为最便宜的选择，而且种类多，包括比萨、三明治、串烧以至春卷也有供应，适合爱边走边吃的人。

小食摊相当整洁卫生，而且收费便宜，绝对可以放心吃。

比萨只需฿100，味道不错。

炸春卷够大够脆，只需฿15，还可议价。

满月派对11大攻略

1 事先复印护照副本随身带，把护照正本留在酒店安全地方或托酒店职员保管，避免酒后遗失护照。

2 不要携带贵重物品前往派对，行装尽量轻便，可携带防水腰包或小袋把钱和相机放在里面。场内也要小心保存随身物品，避免小偷有机可乘。

3 不要带过多的金钱，尤其已经购买回程船票或有酒店接送者，约฿1000已经足够当晚购买食物和酒。

4 衣着尽量轻便，登船时有可能溅水，穿厚底的拖鞋最佳，可避免夜深时被沙滩上破碎的玻璃酒瓶弄伤。

5 谨记携带所住酒店的电话和地址，以保证安全。

6 切勿乱吃或乱喝陌生人提供的食物和酒（尤其是女生）。

7 远离毒品，虽然进入满月派对的路上有警察驻守防止毒贩进入，但是仍不能完全阻止毒品在场内流通。另外，也不要替陌生人保管财物，以免里面是毒品。在泰国，贩毒的最高刑罚是死刑，切勿以身试法。

8 计划行程时，如非必要不要选择在林海滩附近住宿，除非在晚上能够容忍吵闹的派对声，否则还是到阁帕岸岛（帕岸岛）上其他酒店或返回阁沙梅岛（苏梅岛）过夜较佳。

9 如果在阁帕岸岛（帕岸岛）有租电动车的朋友，谨记酒后勿驾驶，阁帕岸岛（帕岸岛）的道路系统尚未完善，而且路斜多弯，加上路况不熟，醉后更易发生意外。

10 满月派对表面上不收取入场费，可是入夜以后便会有人从各路口和从阁沙梅岛（苏梅岛）到达的码头收取฿100的入场费，用作支持阁帕岸岛（帕岸岛）的发展，付费后送一条腕带以作留念。

11 林海滩一带的酒店会趁满月派对坐地起价，甚至要求住客最少预订6晚，所以建议当晚回到阁沙梅岛（苏梅岛）上过夜或到岛上其他地方留宿比较划算。

半月派对一直狂欢至日出时分。

班泰海滩 No.2 半月派对 Half Moon Party

MAP P.214 B2

正当满月派对跳得火热之时，一群当地年轻人却在悄悄地革命，打造一个玩得狂野但安全的丛林派对。相比满月派对，这个半月派对所有细节均有完善安排，从交通接送、表演活动、场内保安以至对醉酒者的善后，都绝不马虎，场内人数限定2500人，叫人绝对放心尽兴，而且一个月有两场，行程安排更有弹性。

融入原始帕安风貌

笔者有幸到主办团体“Harmony Team”的总部采访，发现这群年轻人绝非“爱泡夜店的玩家”，他们将外国学回来的经验套用于阁帕岸岛（帕岸岛）上，在原野森林中开拓出一个原始森林派对场地，迄今已踏入了第七个年头。

国外DJ撑场

配合不同国家旅客的旺季，半月派对每次也有不同主题，邀请泰国或澳大利亚、以色列、意大利等国外的歌手和DJ到现场表演，结合现场强劲而且高品质的音响设备，把气氛推至顶点。此外，Harmony Team正在海滩建造第二个半月派对场地，以泳池吧和瀑布作主打，让参加者一晚可以享受两个不同感觉的场地。

资料

地址：Baan Tai Village, Amphur Koh Pha Ngan, Suratthani

泰文地址：หมู่บ้านบ้านใต้ อำเภอเกาะพะงัน สุราษฎร์ธานี

网页：**http://halfmoonfestival.com**

开始时间：约21:00

入场费：฿300* 　*含一杯饮品。

前往方法

在阁沙梅岛（苏梅岛）曾蒙海滩区的Big Buddha码头，当晚会有3班专船接送(来回)参加者到班泰海滩码头，包括入场费共฿700。从班泰海滩码头转入往Thong Nai Pan路，约走5分钟过了特大榕树后见路牌左转即达。

专船班次：阁沙梅岛（苏梅岛）出发21:30/22:30/23:30

在丛林中狂欢直至清晨，场内的装饰均由Harmony Team成员亲手制作。

灯光系统比满月派对先进，现场感觉令人更投入。

半月派对也绝对少不了阁帕岸岛（帕岸岛）著名的舞火表演。

来自以色列的Cosmic Tone驻场演唱。

驻场DJ专业，现场气氛高涨，参加者跳得投入。

派对前夕，在阁帕岸岛（帕岸岛）路上均会见到这些黄色路牌，保证不会因迷路而找不到入口。

半月派对的入口。

场内不乏餐厅和酒吧，即使通宵也不怕挨饿。

黑月派对也有荧光文身，倍添派对气氛。收费约฿200。

派对的入口处。(图片出处：blackmoonparty-kohphangan.com)

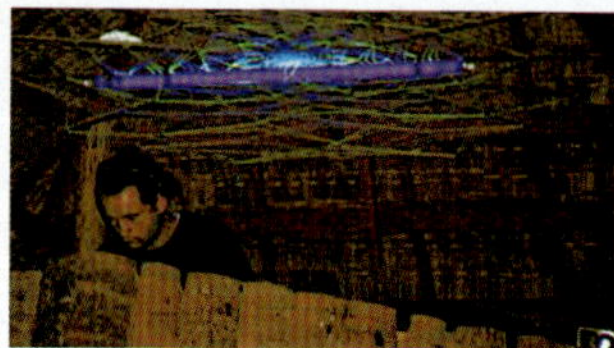

这里的驻场DJ包括Bang、Leung和 Jonny。(图片出处：blackmoonparty-kohphangan.com)

派对位处的班泰海滩，旁边亦有住宿。

派对的标记，在派对当晚随处可见。

班泰海滩 No.3

黑月派对 Black Moon Party

MAP P.214 B2

相比满月和半月派对有月色相伴，黑月派对就只有漆黑一片。若时间赶不上参加上述两大派对，那么黑月派对也是一个不俗的选择。

派对举办地点位于班泰海滩的 Mac's Bay Resort，处于 Tongsala 和林海滩两大镇的中间，每逢新月之夜，参加者便聚集在这里举行派对。当晚活动跟满月派对相似，一样有舞火活动、荧光文身和劲歌热舞，现场亦有驻场 DJ，但参加人数则比另外两个派对少。

资料

地址：Mac' s Bay Resort, Baan Tai Beach, Amphur Koh Phangan, Suratthani
泰文地址：แม็คส์ เบย์ รีสอร์ท หาดบ้านใต้ อำเภอเกาะพะงัน สุราษฎร์ธานี
电话：+66-77-238-443 开始时间：约21:00 入场费：฿300
网页：**http://blackmoonparty-kohphangan.com**

前往方法

可在阁沙梅岛（苏梅岛）曾蒙海滩区的Big Buddha码头，坐船往林海滩码头，收费฿200。再乘双排车往Tongsala的公路，在班泰海滩段近7-11附近，见Mac' s Bay Resort入内即达。

专家指点：阁沙梅岛（苏梅岛）也有沙滩派对

其实在阁沙梅岛（苏梅岛）的查汶区也有场地举办派对，位置就在查汶湖畔的Bar Ice侧，不论Full Moon、Half Moon抑或Black Moon都有，热闹程度当然不及帕岸，如有兴趣可留意附近的大型宣传牌。

外岛一日游

专家指示：一日游须知

1. 一般一日游须于出发前1天报名。但遇上淡季，宜提前几日向当地旅行社查询是否开办。
2. 一日游的费用属全包形式，以一般的外岛游为例，收费已包括由酒店接送的车费、船费、船上饮品、浮潜用品租借费用等，部分旅行社更细心到连喂鱼的面包都准备好。
3. 雨季期间参加外岛游，如果出发时不幸遇上大雨，大部分当地旅行社都会取消行程并退回全款，但报团前还是要先查询清楚。
4. 虽然一般旅行团的行程都非常安全，但也需要留意自己的身体状况，途中如有不适，宜立即向随团导游提出，也建议出发前购买旅游保险。

令人恋上的海底世界

阁沙梅岛(苏梅岛)附近海域有安通国家海洋公园以及大量无人岛，风光如画，水清见底，海洋生物品种繁多，绝对是潜水天堂。由于前往这些岛屿路途遥远，要游览或潜水均需参加当地旅行社的一日游，优点是有专车和船只接送，沿途还有随团导游安排一切，只要自备相机和泳衣即能出发。除了酒店有代办外，在阁沙梅岛（苏梅岛）查汶沙滩一带也有大量举办一日游的当地旅行社，现推荐两大一日游旅行团！

海水蓝得令人傻眼。

No.1 阁道岛（龟岛）、南缘岛一日游 Koh Tao, Koh Nanyuan

MAP P.226 A1

众所周知，阁道岛（龟岛）是阁沙梅岛（苏梅岛）附近的最佳潜水地，岛上几乎每个海滩近岸均有大片珊瑚礁，而且水不太深，浪也不大，孕育着丰富的海洋生物，吸引大批热带鱼出没。极度适合浮潜，即使没水肺潜水牌照，只要懂得游泳，戴上简单的浮潜工具，一样可一窥水底世界。此旅行团可以一次游玩阁道岛（龟岛）和南缘岛两大潜水胜地，费用已包括南缘岛的入场费和自助午餐。

第1站：芒果湾浮潜　阁道岛（龟岛）

早上乘坐双体船抵达阁道岛（龟岛），再转乘木船前往阁道岛（龟岛）北面的芒果湾进行浮潜，游客也可以游到滩上休息。

抵达阁道岛（龟岛）后，再坐船前往岛的北面海域浮潜。

在海滩近岸进行浮潜活动。

时间	行程
7:00	酒店接送，抵达码头可享用简单早餐
8:00	登船
9:30	抵达阁道岛（龟岛）转乘浮潜专船
11:30	抵达南缘岛享用自助午餐，餐后自由活动
14:30	登船返回阁沙梅岛（苏梅岛）
16:40	抵达阁沙梅岛（苏梅岛）

Orange-Spotted Spinefoot，是深水泥鯭的一种。

鹦鹉鱼在水底相当耀眼。

黑白相间，鳃有红点的名为彩衣。

在山顶可看到海水颜色的变化，相当壮观。

第2站：午餐兼喂鱼 南缘岛

中午转往南缘岛，先享用自助午餐。餐后可在沙滩浮潜、喂鱼，或登上岛上最高峰，观赏整个岛屿景色。

攀山的小路颇难行，穿拖鞋更是相当不便，最后一段更要爬过大石。

午餐的自助餐，炒饭、蔬菜齐备，不过最受欢迎的是新鲜炸虾饼，十分抢手。

要登山先要通过这个连岛沙洲。

登山沿途，工作人员会向游客介绍这里的野生动物。

下山后，可绕岛行走，不过到尽头发现是死胡同。

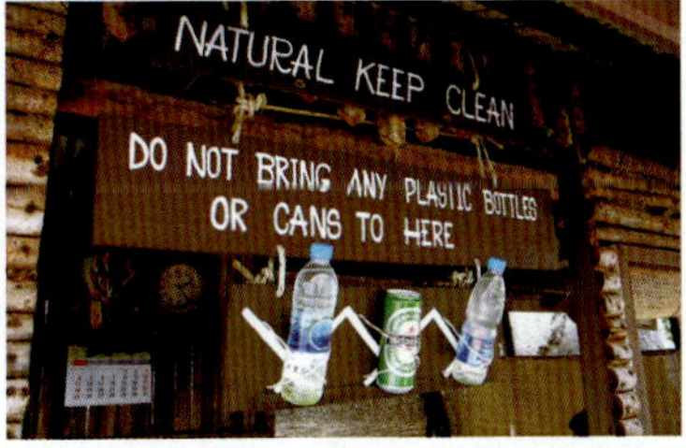

为保护海洋环境，岛上严禁携带塑料瓶、铝罐等物品。

资料

Lomprayah High Speed Catamaran

电话：+66-77-422-765-6　收费：฿1700/位　网址：www.lomprayah.com

*包酒店接送、船费、饮品、午餐、南缘岛入场费、浮潜工具、救生衣及保险。 *可向各大酒店或旅行社查询或报团。

安通国家海洋公园内有42座大小不一的珊瑚岛，总面积120平方公里，昔日是泰国海军的禁地。

No.2 安通国家海洋公园一日游 Anthong National Marine Park

MAP 封底折页

安通国家海洋公园位于阁沙梅岛（苏梅岛）以西约 50 公里，附近海域水深只有 10 米，孕育着丰富的海洋生物和鸟类。整个海洋公园由 42 个珊瑚岛组成，岛上岩石经历风化形成奇形怪状的外貌，甚至岛中有湖的特殊景观。旅行团会乘坐独木舟穿梭于各大小珊瑚岛，并登陆其中的 Talay Nai 岛中湖，以及到 Ao Ka Bay 浮潜。

第1站：独木舟穿梭珊瑚岛 Talay Nai

乘专船抵达安通，转乘独木舟穿梭珊瑚岛，近距离观赏奇石和山洞，然后登陆其中的Talay Nai，沿石级前往240米高的山中湖，眺望附近风光。

第2站：浮潜兼日光浴 Koh Wua Talab + Ao Ka Bay

自助午餐后，再划独木舟前往Koh Wua Talab享受阳光与海滩，以及在Ao Ka Bay进行浮潜。

前往Talay Nai的山路非常陡峭。

午餐以自助餐形式进行，有面包、水果、蔬菜和炸鸡等。

行程

7:30	酒店接送到码头
8:30	登船并享用简单早餐
10:00	抵达安通国家海洋公园，在近岸划独木舟
11:00	登上Koh Mea Koh的Talay Nai
12:00	午餐
13:00	划艇前往Koh Wua Talab自由活动，也可到Ao Ka Bay浮潜
15:00	离开安通国家海洋公园
16:30	抵达阁沙梅岛（苏梅岛）

坐在海滩上，更能慢慢观赏奇形怪状的珊瑚岛。

前往安通国家海洋公园所乘坐的木船。

抵达安通国家海洋公园附近海域后，转乘独木舟观光。

在Koh Wua Talab海滩上，游人可自行选择水上活动，包括浮潜和日光浴、独木舟等。

从高处看Talay Nai的岛中湖，湖水呈碧绿色。

游客可划独木舟进入石灰岩洞。

Talay Nai的岛中湖畔，建有木板平台供游人赏景。

岛上设有饮料和小吃摊，富有小岛风情。

安通国家海洋公园沿海可看到很多石灰岩形成的美景。

资料

Lomprayah High Speed Catamaran

电话：+66-77-422-765-6

收费：฿1850/位

网址：**www.lomprayah.com**

*包酒店接送、船费、饮品、午餐、防水袋、浮潜工具、救生衣及保险。

*可向各大酒店或旅行社查询或报团

编辑部推荐特辑：
10大人气度假村

查汶

P.70

查汶市中心
中央海滩度假村

拉迈

P.114

独占山丘之上
悦榕庄酒店

拉迈

P.115

经典重生
艾美酒店

拉迈

P.120

泰式情怀
卡拉度假酒店

阁沙梅岛（苏梅岛）北部

P.135

国际大型连锁酒店旗下
W Retreat Koh Samui

曾蒙海滩

P.161

性价比高
阿卡恩水疗度假村

阁沙梅岛(苏梅岛)南部

P.197

世外桃源
康莱德度假村

曾蒙海滩

P.162

著名度假集团
第六感酒店

曾蒙海滩

P.169

简约庭园情调
莎拉酒店

阁沙梅岛(苏梅岛)南部

P.198

贴心服务
班达灵岩洲际酒店

编辑部推荐特辑：

阁沙梅岛（苏梅岛）7大水上活动

来到阁沙梅岛（苏梅岛），当然少不了阳光与海滩。阁沙梅岛（苏梅岛）附近海域水质优良，孕育多样化的海洋生物，沿岸更是水清沙细，刺激的水上活动很多，无论水面水底，总能令人乐而忘返。

1. 水上摩托车

阁沙梅岛（苏梅岛）上最受欢迎的水上活动，时速相当高，浪接浪时还可以感受凌空的刺激感，有教练陪同下适合任何人玩，收费一般约฿600(25分钟)。

地点：查汶海滩、拉迈海滩

2. 滑浪风帆

相对其他水上活动，风帆属于极耗体力的水上活动，但是玩家却可以乘风破浪，收费一般约฿1000。

地点：各大酒店

3. 特快泳圈

属于刺激型的活动，玩家只要躲在圆形的吹气圈内，让快艇拖着走便可以，但可能会头晕，千万不要吃饱后玩，收费一般约฿600(25分钟)。

地点：查汶海滩

4. 独木舟

讲求合作性的活动，朋友或情侣之间用来培养感情最好，撑独木舟还可以登陆无人小岛享受私人空间，收费一般约฿500。

地点：查汶海滩、各大酒店、安通国家海洋公园

5. 夜潜

潜水几乎是阁沙梅岛（苏梅岛）的指定活动，而晚上的海底世界更是另一番景象，只要游出离海滩稍远一点，便会发现多姿多彩的海洋世界，不过还是有人陪同才好下水，费用全免，但器材自备。

地点：查汶海滩外

6. 浮潜

只要会游泳便可参加，多人一起下水，保证又安全又能看到不同的海洋生物，可参加有浮潜活动的一天团，收费一般฿1700～2000（包船费）。

地点：阁道岛（龟岛）、阁帕岸岛（帕岸岛）、安通国家海洋公园

7. 水肺潜水

如果阁下持有水肺潜水牌照，当然潜深一点，能更好地欣赏泰国最美丽的海底世界，阁沙梅岛（苏梅岛）海域的生物品种颇多，近期更发现鲸鲨的足迹，收费一般฿850~1000。

地点：阁道岛（龟岛）

*放心，鲸鲨不会咬人。

专家指点：潜水安全注意

虽然阁沙梅岛（苏梅岛）的海底世界非常吸引人，但要谨记乘搭飞机前后24小时不得下水，否则会有减压病的危险。另外，很多旅游保险也受保水上活动和潜水，但购买时还请留意相关条款。

下水前谨记听好指挥，切记群体活动，以免发生危险！

专家指点：酒店代办有招数

阁沙梅岛（苏梅岛）上大部分酒店均自设水上活动中心，提供租借水上摩托车和上述活动的课程，既省时又安全，住客请尽量利用。

悠闲度假岛
阁沙梅岛（苏梅岛）

阁沙梅岛（苏梅岛）位于泰国南部的素叻他尼府(Surat Thani)，距曼谷约644公里。面积约228平方公里，为泰国第三大岛（继普吉岛和象岛之后），北面毗邻阁帕岸岛（帕岸岛）和阁道岛（龟岛），而西侧为安通国家海洋公园。

自从普吉岛发生海啸之后，阁沙梅岛（苏梅岛）努力将自身打造成泰国另一个海滩度假天堂，凭着本身水清沙细的海滩，一家家高级豪华且设计品位高的度假村接连开业，再加上阁帕岸岛（帕岸岛）闻名国际的满月派对，阁沙梅岛（苏梅岛）已成为泰国最新潮的旅游热点地区。

推荐行程

水疗按摩

观光

美食

时间：5~6天

阁沙梅岛（苏梅岛）是个非常悠闲的度假小岛，可以放慢生活节奏，在这里逗留5~6天，慢慢享尽豪华度假村内的设施和餐厅。

第1天： 到达后的晚上先往查汶海滩用餐。
第2天： 在酒店享受SPA和其他设施。
第3及第4天： 分别参加环岛游、安通国家海洋公园或到南缘岛一天游(3选2)。
第5天： 最后一天留在酒店休息，准备回程。

邦波尔
Bang Por
Lomprayah 快船码头
往阁帕岸岛（帕岸岛）、阁道岛（龟岛）及春蓬
湄南
Mae Nam
阁沙梅岛（苏梅岛）北部
P.125~154
曾蒙海滩
P.155~186
大佛
Big Buddha 码头
往阁帕岸岛（帕岸岛）
Haad Rin
Sanambin Rd.
波菩
Bo Phut
纳通码头
(往素叻他尼汽车渡轮)
长途巴士站
阁沙梅岛（苏梅岛）国际机场
Soi Hat Chaweng 4
查汶海滩路
Chaweng Beach Road
纳通市
P.207~212
查汶
P.23~96
军事禁地
阁沙梅岛（苏梅岛）国际港口
Samui International Port
往素叻他尼或敦萨克
阁沙梅岛（苏梅岛）南部
P.187~206
纳蒙瀑布2
Namuang Waterfall 2
纳蒙瀑布1
Namuang Waterfall 1
Tailing-Na Mueang Rd
亚公亚婆石
拉迈
P.97~124
塔林甘
Taling Ngam
华他能
Hua Thanon
Laem Set Road
4169
4170
4171
4172
4173
北
2km

阁沙梅岛(苏梅岛)唯一不夜城

查汶

位于阁沙梅岛（苏梅岛）的东北面，距阁沙梅岛（苏梅岛）国际机场不到10分钟车程，是阁沙梅岛（苏梅岛）上人气最高的海滩。每日午后直至清晨，不论大街还是海滩均被挤得水泄不通。沙滩上晒太阳的人群如潮，街上饭店酒吧商店林立，海滩旁一带更开满设计时尚的酒店，游泰必扫的Boots、Big C也只在查汶设店，都令查汶成为阁沙梅岛（苏梅岛）最热闹的不夜城。

推荐行程

观光

美食

购物

时间：1天

早上可在区内酒店品尝早餐畅泳，午餐则到Tum Zaap、Issan Food等品尝地道美食，餐后可回到大街逛街或到Big C扫货。晚上则可选择一间较佳的西餐厅用餐。最后，爱热闹的可到Reggage Club或Bar Solo享受夜生活，爱静的可到Mama Massage或回酒店体验SPA。

交通范例

❶  从阁沙梅岛（苏梅岛）国际机场乘双排车或出租车前往，约10分钟，车费约฿150。

❷  从拉迈乘双排车或出租车前往，约20分钟，车费约฿200。

查汶
Baan Haad Ngam
Chaweng Regent
Chaweng - Cheong Mon Road
Sanambin Road
阁沙梅岛（苏梅岛）国际医院
阁沙梅岛（苏梅岛）国际机场
Haad Chaweng 4
Khun Cheweng Shopping Mall
Chaweng Beach Road
黑月派对
Chaweng Lake
BangKok Intl' Hospital
Thai Intl' Hospital
Chaweng Post Office
阁沙梅岛(苏梅岛) Koh Samui
查汶 Chaweng
拉迈 Lamai
阁沙梅岛(苏梅岛)北部 Northern Samui
曾蒙海滩 Cheong Mon
阁沙梅岛(苏梅岛)南部 Southern Samui
纳通市 Nathon
阁帕岸岛(帕岸岛) Koh Pha Ngan
阁道岛(龟岛) Koh Tao
01 Chandra
02 绿杧果俱乐部
03 Q Bar Samui
04 Prego
05 阁沙梅岛（苏梅岛）烹饪艺术学院
06 维查纳波利餐厅
07 吉姆·汤姆森商店
08 The Piccolo
09 Life's A Beach
10 圣塔拉工艺品店
11 Samui Hot Club
12 怀旧大众厢式货车
13 Jing Restaurant
14 Bar Solo
15 Baan Thai Dream
16 EGO丝绸之家
17 刀店
18 阁沙梅岛（苏梅岛）海鲜烧烤餐厅
19 冠吉餐厅
20 Tropical Murphy's
21 Liang Fah Mai
22 Tum Zaap
23 Issan Food
24 查汶拳击体育馆
25 依兰达草药水疗中心
26 木兰水疗
27 雷鬼音乐酒吧
28 Staz Cabaret
29 阁沙梅岛（苏梅岛）射击场
30 Gringos Cantina

专家指点：阁沙梅岛（苏梅岛）特色Pancake档

每逢晚上，查汶街头总会见到不少流动Pancake档踪迹，其实这种Pancake原本来自印度，来到阁沙梅岛（苏梅岛）变成芝士和不同水果馅，一般售30~35铢/件，成为查汶街头相当受欢迎的街头小食。

快速寻找

Starbucks和Bar Solo中间一带。

据说这Pancake档中位于查汶大街Starbucks旁小巷的Pancake档，是岛上最正宗的美味。

31 Zico's 32 Rice 33 Iyara Plaza 34 Ban Moniten Restaurant 35 Poppies 36 Eat Sense
37 阁沙梅岛（苏梅岛）冰酒吧 38 Boots 39 Big C 40 顶级超市 41 万客隆超市 42 Tesco Lotus
43 蹦极 44 图书馆 45 纱丽拉雅度假酒店 46 拉瓦纳别墅度假村 47 阁沙梅岛中央海滩度假村
48 布里扎海滩度假村及别墅水疗中心 49 沙纶酒店 50 达拉阁沙梅岛海滩度假及别墅水疗中心
51 阿玛丽棕榈礁度假酒店 52 阁沙梅岛城堡度假酒店 53 阿克瓦宾馆
54 查汶恩丽晶海度假村 55 曼函安精品度假酒店

除了出售服装外，也不乏包包和鞋类。

01 自家设计 Chandra

MAP P.24 C2

在查汶共有两间分店的Chandra，卖的大部分是来自法国的老板亲自设计、融合亚洲风的自家品牌。店内除了女装外，还有首饰、特色比基尼和文具，设计很多均以热带风情为主，可以即买即穿，享受阁沙梅岛（苏梅岛）这个夏日天堂。

女装深V连身裙，穿在泳装外也可以。฿3090

店内也有少量男士恤衫。฿2050

带有浓厚泰国佛教色彩的匙扣。฿690

快速寻找

Living Plaza 麦当劳对面。

资料

地址：14/39 Moo 2, Tambon Bo Phut, Amphur Koh Samui, Suratthani
泰文地址：14/39 หมู่ 2 ตำบลบ่อผุด อำเภอเกาะสมุย สุราษฎร์ธานี
电话：+66-77-422-311
营业时间：10:00~0:00
休息：无休息日
网址：**www.chandra-exotic.com**

以菠萝为主题的比基尼，相当有本地特色。฿2850

一式4种笔均是自家设计。฿690一支

蓝色连身裙，以白色圆形作点缀，老板强力推荐。฿2290

场内设有多张吧台，提供不同种类的酒精饮品。

酒吧中设有特大舞池，不过晚上11点后才渐见人潮。

不喜欢跳舞的朋友，可选择到桌球区玩乐。

02 绿杧果俱乐部 Green Mango Club

MAP P.24 C2

岛上享有盛名的老牌酒吧，占地很大，超过 2500 平方米，能够容纳超过 2000 人，也是阁沙梅岛（苏梅岛）上最大的开放式酒吧，共有 7 张吧台和 2 层舞池，自 1990 年开业以来一直是夜生活首选，每晚有驻场 DJ 坐镇，亦定期举办主题派对。

场外有一间纪念品专卖店，不过BMW的经典摩托车却非请勿动。

快速寻找

从Rice Restaurant对面小巷直入。

资料

地址：195 Moo 2, Tambon Bo Phut, Amphur Koh Samui, Suratthani
泰文地址：195 หมู่ 2 ตำบลบ่อผุด อำเภอเกาะสมุย สุราษฎร์ธานี
电话：+66-77-422-661　营业时间：20:00~次日2:00　休息：无休息日
网址：www.thegreenmangoclub.com

跟曼谷的总店不同，这里采用红色作为主色调。

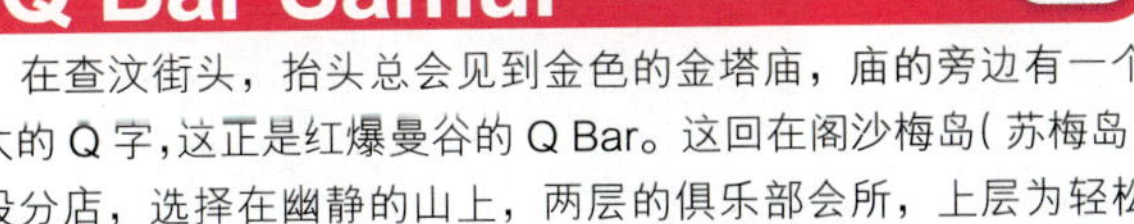

03 人气山上酒吧 Q Bar Samui

MAP P.24 B2

在查汶街头，抬头总会见到金色的金塔庙，庙的旁边有一个大大的 Q 字，这正是红爆曼谷的 Q Bar。这回在阁沙梅岛（苏梅岛）开设分店，选择在幽静的山上，两层的俱乐部会所，上层为轻松的酒吧，下层则是节拍强劲的舞池，满足喜爱夜生活一族的需要。

快速寻找

从Ice Bar旁的小路上山，约步行10分钟。

资料

地址：147/57 Moo 2, Tambon Bo Phut, Amphur Koh Samui, Suratthani
泰文地址：147/57 หมู่ 2 ตำบลบ่อผุด อำเภอเกาะสมุย สุราษฎร์ธานี
电话：+66-77-962-420　营业时间：20:00~次日2:00
休息：无休息日　网址：www.qbarsamui.com

Q Bar的正门格调颇为高级，以黑色砖墙作设计，令人有点却步。

意大利风味恺撒沙拉配烟三文鱼，配橄榄油及蒜蓉包。沙拉的芝士尤其美味，连不吃芝士的人也会忍不住。฿220

大厨推荐这道烤大虾、生蚝、白齿鱼和鱿鱼，配蒸菜和达达香调味，建议配汁同吃，相当入味。฿740

招牌推荐的提拉米苏，口感软绵绵之余也有点烟韧，不吃是损失。฿150

04 必食提拉米苏 Prego

MAP P.24 B2

这家意大利餐厅属于 Amari Palm Reef 酒店，处于查汶海滩北端路旁。由来自米兰的大厨 Marco Boscaini 主理。提供高级的意大利料理，除了比萨和意大利面外，也用上本地海鲜和意大利进口的食材烹调。强烈推荐这里的酒心提拉米苏，保证一吃难忘。

这里物美价廉，还有多国语言餐牌，故吸引大量岛上游客光顾，每晚均客似云来！若打算光顾，谨记要提早订位。

餐厅位于查汶往曾蒙海滩的大路上，很容易找。

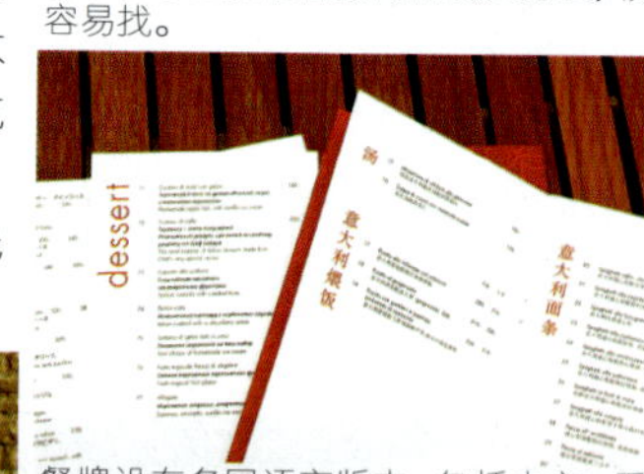

餐牌设有多国语言版本，包括中文，看不懂意大利文的菜名也不用担心。

所有薄饼均用炭火以砖炉烤制，即叫即烤，烤完的薄饼格外香脆且带有木香。

环境相当幽雅，可以像意大利人般慢慢享用大餐。

快速寻找

阁沙梅岛（苏梅岛）国际医院旁边。

资料

地址：14/3 Moo 2, Tambon Bo Phut, Amphur Koh Samui, Suratthani
泰文地址：14/3 หมู่ 2 ตำบลบ่อผุด อำเภอเกาะสมุย สุราษฎร์ธานี
电话：+66-77-422-015(敬请预约)
营业时间：11:00~次日2:00
休息：无休息日
网址：**www.prego-samui.com**

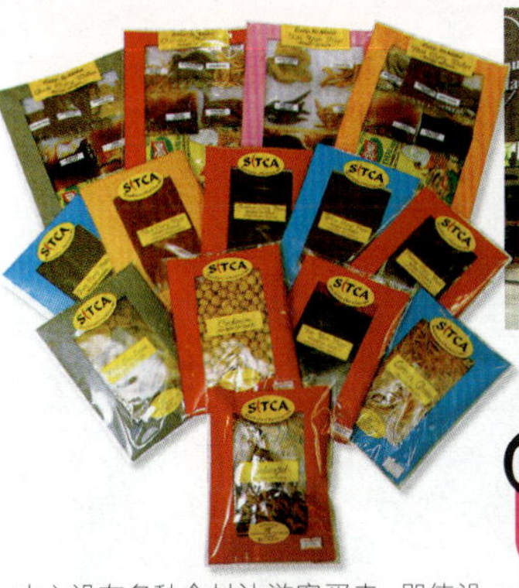

中心设有多种食材让游客买走，即使没上课程，也懂得使用。

中心的正门正对中餐厅，非常容易找。

完成1天的课程后，学员可到2楼餐室慢慢品尝。

05 阁沙梅岛（苏梅岛）烹饪艺术学院 SITCA

MAP P.25 D3

全名是 Samui Institute of Thai Culinary Arts，乃一所专门教授泰菜的学校，设有多种课程选择，包括沙拉、主菜、甜品和水果雕花，即使数小时的短期课程也有提供，全部以英语教授，方便游客。收费由 ฿1950 起。

地下设有学堂，每名学员均有私人炉灶实习。

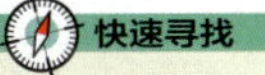

快速寻找

Centara Grand Beach Hotel对面巷，“晶”餐厅对面。

资料

地址：46/6 Moo 6, Soi Colibri, Tambon Bo Phut, Amphur Koh Samui, Suratthani

泰文地址：46/6 หมู่ 6 ซอยโคลิบรี ตำบลบ่อผุด อำเภอเกาะสมุย สุราษฎร์ธานี

电话：+66-77-413-172 休息：无休息日

泰菜课时间：11:00、16:00

网址：**www.sitca.net**

栗鸢站在门外，样子威武。

室内装修相当欧式，感觉不像在泰国。

餐厅招牌写着No. 1，在查汶大街上亦可看到。

06 维查纳波利餐厅 Vecchia Napoli Ristorante & Pizzeria

MAP P.24 B2

餐厅位于查汶闹市，门口有一只栗鸢作为招牌，老板是意大利人，定居阁沙梅岛（苏梅岛）多年，1994年开业至今，除了正宗意大利菜外，还有多种从意大利直接进口的餐酒可供选择。

快速寻找

Starbucks旁转入巷内即见。

资料

地址：166/31 Moo 2, Tambon Bo Phut, Amphur Koh Samui, Suratthani

泰文地址：166/31 หมู่ 2 ตำบลบ่อผุด อำเภอเกาะสมุย สุราษฎร์ธานี

电话：+66-77-231-229

营业时间：12:00~23:00 休息：无休息日

网址：没有提供

专家指点：波菩正解

在阁沙梅岛（苏梅岛）人口中的“波菩”其实是指阁沙梅岛（苏梅岛）北部Fisherman's Village一带，但查汶区内大小商店和酒店的正式地址也见“波菩”二字，令人费解。原来阁沙梅岛（苏梅岛）分为7个地方行政区，查汶实际上处于Tambon 波菩区，所以才会有这种混乱的情况。

07 吉姆·汤姆森商店 Jim Thompson

MAP P.25 D3

在外国红透半边天的泰丝，已成游客到泰国的必扫货，在阁沙梅岛（苏梅岛）这个购物点稀少的度假天堂，这家泰丝专卖店隐藏在Centara Grand Beach酒店内，前往也要花点工夫。店内货品齐全，毛绒玩具、麻布袋、丝巾、服装等齐备。

设计可爱的环保袋，最适合小女生。฿640

快速寻找

Centara Grand Beach酒店正门左侧。

资料

地址：38/2 Moo 2, Tambon Bo Phut, Amphur Koh Samui, Suratthani
泰文地址：38/2 หมู่ 2 ตำบลบ่อผุด อำเภอเกาะสมุย สุราษฎร์ธาน
电话：+66-77-230-521
营业时间：11:00~20:00
休息：无休息日
网址：**www.jimthompson.com**

店内有很多渔夫帽可供选择，怕晒的朋友大可来这里扫货。

色彩鲜艳的化妆袋也很受欢迎。大฿400、小฿280

可爱的大笨象毛绒玩具，只售฿800。

Jim Thompson的正门位于酒店内，比较难找。

室内外也设有雅座，在这里喝咖啡吃蛋糕，才配得上这个度假天堂。

蓝莓蛋糕配上青柠的清爽感觉。฿65

朱古力慕斯蛋糕，味道浓之余，还有士多啤梨甜味调剂。฿60

08 阁沙梅岛少有的Cake Shop The Piccolo

MAP P.25 D3

属于Centara酒店附设的西饼店兼咖啡室，乃阁沙梅岛（苏梅岛）上少有的蛋糕店，蛋糕品种颇多，还设有室外雅座，大可在外面乘凉，悠闲度过时间。

快速寻找

Centara Grand Beach酒店正门左侧。

资料

地址：38/2 Moo 2, Tambon Bo Phut, Amphur Koh Samui, Suratthani
泰文地址：38/2 หมู่ 2 ตำบลบ่อผุด อำเภอเกาะสมุย สุราษฎร์ธานี
电话：+66-77-230-500
营业时间：9:00~21:00
休息：无休息日

感觉火热的比基尼为澳洲Seafolly品牌，还附吊坠装饰。฿3300

颜色艳丽的款式更受欢迎。฿4700

除了比基尼外，店内也有些沙滩服饰。

不同品牌的比基尼，令人眼花缭乱。

09 澳洲进口比基尼 Life's A Beach

MAP P.24 B2

很多女士来到阁沙梅岛（苏梅岛）都打算在海滩秀秀，怎能缺少一套漂亮的比基尼？这家店专售澳洲进口品牌，包括Jets、Bond-eye、Baku和Seafolly等，款式众多，虽然价钱略贵，质量绝对有保证。

快速寻找

邻近Chaweng Regent Beach Resort。

资料

地址：30/12 Moo 3, Tambon Bo Phut, Amphur Koh Samui, Suratthani

泰文地址：30/12 หมู่ 3 ตำบลบ่อผุดอำเภอเกาะสมุย สุราษฎร์ธานี

电话：+66-77-422-630

营业时间：11:00~23:00

休息：无休息日

另外还有一些特价货品可供选择。

用椰子壳雕砌成的灯座，充满阁沙梅岛（苏梅岛）风情，送礼必备。฿1490

阁沙梅岛（苏梅岛）特色蜡烛花，放在家里作装饰也颇浪漫。฿95

10 圣塔拉工艺品店 Centara Gallery

MAP P.25 D3

Centara酒店集团旗下的工艺品店，在全泰国各地搜罗地道工艺品，种类繁多且有特色，无论家庭用品、摆设都一应俱全，品质绝对有保证。

麻雀虽小，但五脏俱全，总有一些合适的东西买。

快速寻找

邻近Chaweng Regent Beach Resort。

资料

地址：38/2 Moo 2, Tambon Bo Phut, Amphur Koh Samui, Suratthani

泰文地址：38/2 หมู่ 2 ตำบลบ่อผุด อำเภอเกาะสมุย สุราษฎร์ธานี

电话：+66-77-230-500　休息：无休息日

营业时间：10:00~22:00

楼高3层的Samui Hot Club，每层售卖的T恤款式都不同。

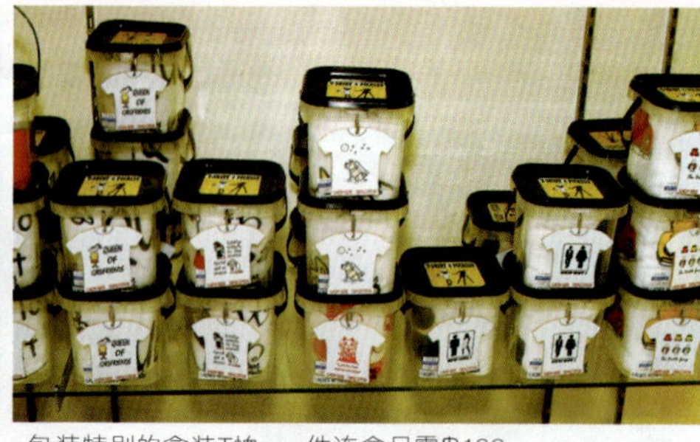

包装特别的盒装T恤，一件连盒只需฿189。

11 热闹设计店 Samui Hot Club

MAP P.24 B2

在查汶大街上很容易就找到这栋3层蓝色建筑，专门出售阁沙梅岛（苏梅岛）限定的自家设计T恤，很多写有泰文的恶搞设计，价钱非常便宜，纪念性高，叫人目不暇接，无论买礼物、自用都可。

T恤也不乏可爱的设计，更有童装。

写满泰文的T恤，有些字句还相当恶搞。

充满泰国特色的象和龙图案T恤，各฿249。

“你有到过阁沙梅岛（苏梅岛）吗？”฿150，超值！

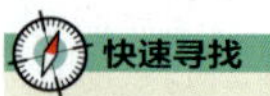

快速寻找

Bar Solo旁。

资料

地址： 66/71-73 Moo 2, Chaweng Beach Road, Tambon Bo Phut, Amphur Koh Samui, Suratthani

泰文地址： 66/71-73 หมู่ 2 ถนนหาดเฉวง ตำบลบ่อผุด อำเภอเกาะสมุย

电话： +66-77-422-462　**营业时间：** 12:00~次日0:00

12 可爱流动酒吧 怀旧大众厢式货车

MAP P.24 B2

自从1999年起，这辆可爱的怀旧大众厢式货车每晚均会出现在查汶街头，打开车身，便摇身一变成为吧台，售卖各种酒类，至今已成阁沙梅岛（苏梅岛）标志之一，即使不喝酒的朋友也可来拍拍照。

车外还放有喇叭播放强劲音乐，气氛十足。

快速寻找

Khun Chaweng商场外空地。

资料

电话： 没有提供　**营业时间：** 17:00~次日2:00

旅行期间最需要的就是汤水滋补，豆腐鸭片汤有家乡感觉。฿150

扬州炒饭的卖相虽然一般，但吃下去却是超水准，饭炒得干不带油。฿150

炸鲜鱿做法简单，最能吃得出食材的鲜味。฿250

13 阁沙梅岛（苏梅岛）少有的中餐厅 Jing Restaurant

MAP P.25 D3

有人认为外出旅游无必要吃中餐，但当你在外地超过 10 天，总会有点思乡，中餐厅便成最佳选择。这里是阁沙梅岛（苏梅岛）上少有的中餐厅，由泰籍大厨主理，港式小炒以至京沪菜也有提供，吃厌了泰菜和意大利菜，这里也是一个不俗选择。

快速寻找

Centara Grand Beach Resort 对面。

资料

地址：Soi Colibri, Chaweng Beach Road, Tambon Bo Phut, Amphur Koh Samui, Suratthani

泰文地址：ซอยโคลิบรี ถนนหาดเฉวง ตำบลบ่อผุด อำเภอเกาะสมุย สุราษฎร์ธานี

电话：+66-77-4413-462

营业时间：11:30~15:00, 17:00~22:30

休息：无休息日　网址：没有提供

餐厅正门富有地道中国色彩。

酒店设计以中国红为主，更设有酒吧。

酒吧主墙设计新颖，用作摆放不同种类的烈酒。

以阁沙梅岛（苏梅岛）命名的特饮 Samui Paradise，入口非常甜，女士最爱。฿100

Vanilla Dream，由朱古力、咖啡和Baileys等调制而成。฿100

14 尽兴畅饮酒吧 Bar Solo

MAP P.24 B2

酒吧位于查汶大街的转角处，驻场 DJ 以现场 Mix 歌作招牌，酒吧每天下午 2 时至晚上 9 时提供优惠时段畅饮，所有鸡尾酒一律只要 100 铢，吸引很多顾客光顾。每早 2 时至 6 时更设有 After Party 时段，顾客可到酒吧后的私家场地继续尽兴。

快速寻找

Starbuck旁。

资料

地址：166/5 Moo2, Chaweng Beach Road, Tambon Bo Phut, Amphur Koh Samui, Suratthani

泰文地址：166/5 หมู่ 2 ถนนหาดเฉวง ตำบลบ่อผุด อำเภอเกาะสมุย สุราษฎร์ธาน

电话：+66-77-414-012　营业时间：14:00~次日3:00

素叻他尼盛产新鲜生蚝，泰式吃法会拌上炸蒜头、青柠等配料吃。฿50

柠檬鱼，味道酸酸，十分开胃。฿60/100克

泰式炒酱鱿，美味十足。฿195

15 传统泰式歌舞表演 Baan Thai Dream

MAP P.24 B2

查汶街头有很多外设“渔船”的海鲜餐厅，让食客自行挑选海鲜，但这间却是少数提供歌舞表演的餐厅，而且有自助沙拉吧，同时满足视觉和味觉。

餐厅的建筑也以泰式亭子为主。

快速寻找

Starbucks对面。

资料

地址：157 Moo 2, Chaweng Beach Road, Tambon Bo Phut, Amphur Koh Samui, Suratthani
泰文地址：157 หมู่ 2 ถนนหาดเฉวง ตำบลบ่อผุด อำเภอเกาะสมุย สุราษฎรธานี
营业时间：17:00~23:00

海鲜的选择丰富，而且明码实价。

这个表演的演员全部是男扮女装的。

泰式的歌舞表演，有如置身皇宫中的感觉。

等候上菜时可先到沙拉吧吃点东西。

店内各种泰丝产品都有，令人目不暇接。

充满东方色彩的真皮手挽袋，手工制作。฿3800

16 EGO丝绸之家 EGO

MAP P.24 B2

专卖传统泰丝产品和地道工艺品，无论餐桌用品、床上用品还是丝巾均有供应，最适合的就是买回香港在春、秋二季使用，既赶得上潮流又舒服。

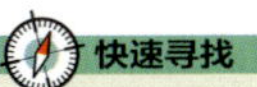

快速寻找

7-11对面。

资料

地址：Chaweng Villa Beach Resort, Chaweng Beach Road, Tambon Bo Phut, Amphur Koh Samui, Suratthani

泰文地址：เฉวง วิลล่า บีช รีสอร์ท ถนนหาดเฉวง ตำบลบ่อผุด อำเภอเกาะสมุย สุราษฎร์ธานี

营业时间：10:00~23:00

三色丝巾质地滑溜。各฿1450

EGO位于查汶大街上的正门。

只此一个的手工制皮手袋。฿4800

店内还有泰拳用品出售。

这种刀非常锋利，拿上手时也请小心。

这支怀旧味道的枪原来是打火机。฿800

17 刀店 Knife Shop

MAP P.24 B2

这家店卖的物品绝对儿童不宜，专售各式五花八门的刀，无论锋利无比的开山刀，还是雕龙刻凤的小刀均能找到，所有刀也能开刃，但要留意海关出入境的限制。

快速寻找

Bar Solo对面。

资料

地址：165/13-15 Moo 2, Tambon Bo Phut, Amphur Koh Samui, Suratthani

泰文地址：165/13-15 หมู่ 2 ตำบลบ่อผุด อำเภอเกาะสมุย สุราษฎร์ธานี

电话：+66-72-709-179　营业时间：11:30~23:30

认准灯塔就能找到餐厅。

本地新鲜龙虾，顾客能自行选择烹调方法。

餐厅花了很多心思装修，别具格调。

18 阁沙梅岛（苏梅岛）海鲜烧烤餐厅 Samui Seafood Grill

MAP P.24 B2

这家隶属 Muang Samui 酒店的海鲜餐厅，走高格调路线，除有例牌的海鲜船，还有私人酒窖供应世界各地名酒。餐厅装修充满泰国南部特色，这里还提供传统的泰式烤饼，在岛上绝无仅有。

快速寻找

查汶海滩路的单程路入口侧。

资料

地址：162/51 Moo 2, Tambon Bo Phut, Amphur Koh Samui, Suratthani

泰文地址：162/51 หมู่ 2 ตำบลบ่อผุด อำเภอเกาะสมุย สุราษฎร์ธานี

电话：+66-77-429-700

营业时间：12:00~23:30

休息：无休息日

网址：**www.muangsamui.com**

传统的泰式煎饼，材料包括糖、盐、饭和椰奶。฿30/20个

沙嗲串烧，不只在马来西亚才能吃到。1串฿3

必吃推荐，湿炒猪肉海鲜脆面，脆面质地令人难忘。฿45

19 地道串烧店 冠吉餐厅

MAP P.24 C4

别以为阁沙梅岛（苏梅岛）只有西餐厅，地道泰国小食少之又少，其实 4169 公路的查汶段有很多地道小食，这间餐厅最著名的就是串烧和面食，既不辣又非常划算，来到阁沙梅岛（苏梅岛），一定要试试这些地道的体验。

快速寻找

7-11对面。

餐厅环境有如香港的大排档，卫生环境尚可。

餐厅位于路旁，凭店的外形比较难辨认。

资料

地址：81/13, 4169 Highway, Tambon Bo Phut, Amphur Koh Samui, Suratthani

泰文地址：

81/13, 4169 ถนนทางหลวง ตำบลบ่อผุด อำเภอเกาะสมุย สุราษฎร์ธานี

电话：+66-77-960-802

营业时间：9:30~21:00

爱尔兰咖啡，酒精味道颇浓。฿170

地道爱尔兰食物Irish Staw，内有炆羊肉、地瓜和胡萝卜等，值得一试。฿310

红砖墙的设计，恍如置身欧洲。

室外设有雅座，午餐的酒吧食品分量相当大，两个人分享也可以。

20 正宗爱尔兰酒吧 Tropical Murphy's

MAP P.24 C2

爱尔兰是酒吧文化的发源地，这间阁沙梅岛（苏梅岛）上唯一的爱尔兰酒吧，正能体验最地道的酒吧文化。两层的传统酒吧装修，提供爱尔兰地道酒吧食品和饮品，极受当地外国人欢迎，客似云来。

快速寻找

Living Plaza对面。

资料

地址： 14/40 Moo 2, Tambon Bo Phut, Amphur Koh Samui, Suratthani
泰文地址： 14/40 หมู่ 2 ตำบลบ่อผุด อำเภอเกาะสมุย สุราษฎร์ธานี
电话： +66-77-413-614
营业时间： 9:00~次日2:00
网址： www.tropicalmurphys.com

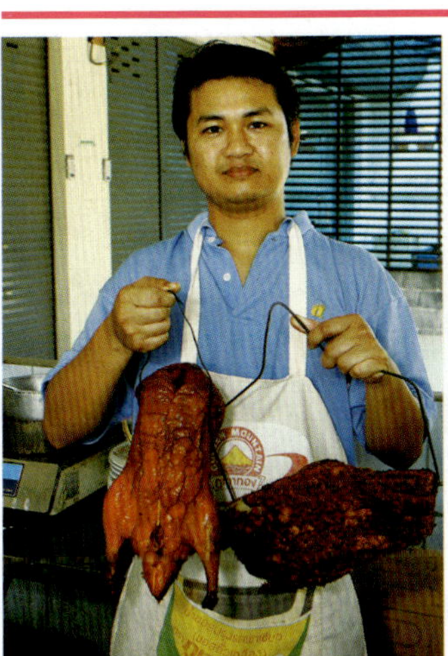
只做早、午市，卖完即休息。

烧肉叉烧饭，秘制酱汁叫人回味。฿45

驰名鸭肉饭，饭粒吸收了酱汁和鸭油，一吃难忘。฿45

21 驰名鸭肉饭 Liang Fah Mai

MAP P.25 E3

这间毫不起眼的小店，其实相当有来头，在首府素叻他尼已有3间分店，更吸引很多泰国杂志采访，老板每日卖完即收炉，要吃请趁早。

单看门口，无人会相信这间店大有来头。

快速寻找

4169公路与Haad Chaweng 1交界附近，洗车场对面。

资料

地址： 50/28 Moo 3, Tambon Bo Phut, Amphur Koh Samui, Suratthani
泰文地址： 50/28 หมู่ 3 ตำบลบ่อผุด อำเภอเกาะสมุย สุราษฎร์ธานี
电话： +66-77-413-742
营业时间： 9:00~15:00

阁沙梅岛(苏梅岛) Koh Samui
查汶 Chaweng
拉迈 Lamai
阁沙梅岛(苏梅岛)北部 Northern Samui
曾蒙海滩 Cheong Mon
阁沙梅岛(苏梅岛)南部 Southern Samui
纳通市 Nathon
阁帕岸岛(帕岸岛) Koh Pha Ngan
阁道岛(龟岛) Koh Tao

泰国东北地道小食，咀嚼之下才惊见奇辣无比。฿90 辣度：🌶🌶🌶🌶🌶

值得推荐的猪软骨汤。฿80

青木瓜沙拉，还伴上原只螃蟹，只需฿70。辣度：🌶🌶

22 挑战辣的极限 Tum Zaap

MAP P.24 B4

"Zaap" 在泰文中的意思是好吃，这间好吃的餐厅以泰国东北食物为主，老板一心希望在阁沙梅岛（苏梅岛）上打造一间高品质的东北料理，以辣度够见称，虽然餐厅环境有点简陋，但非常整洁，卫生令人放心。

资料

地址： 74/18 Moo 6, Tambon Bo Phut, Amphur Koh Samui, Suratthani

泰文地址： 74/18 หมู่ 6 ตำบลบ่อผุด อำเภอเกาะสมุย สุราษฎร์ธานี

电话： +66-77-960-801

营业时间： 12:00~22:30

网址： www.tum2aapsamui.com

记住这个泰文招牌，就不太难找到。

快速寻找

7-11对面。

最驰名的青木瓜沙拉，味道酸酸辣辣，十分开胃。฿35 辣度：🌶🌶

不是人人能接受的炸鸭头，很好吃。฿80

超入味的烧猪颈肉，绝非街市品质。฿70

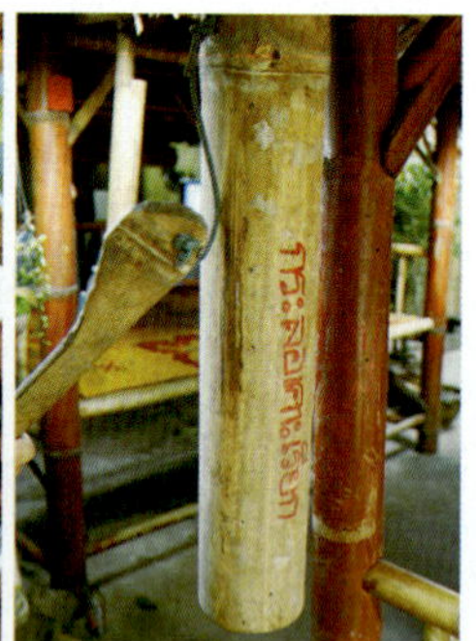

要叫服务员过来，只要轻敲Bungalow上的木筒便可以。

23 驰名青木瓜沙拉 Issan Food

MAP P.25 D4

"Issan" 意指泰国东北部料理，以冷的辣食物为主，代表食物是青木瓜沙拉 (Som Tum)，这间位于4169公路的东北料理店，就是岛上最有名的青木瓜沙拉店。此外，这里的烧猪颈肉也非常驰名，难怪每时每刻都坐满食客，更有英文餐牌。

餐厅招牌有一个沙拉盘，不懂泰文也知道是卖沙拉。

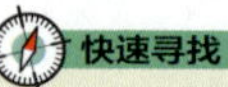

快速寻找

Family Mart对面。

资料

地址： 33 Moo 3, Tambon Bo Phut, Amphur Koh Samui, Suratthani

泰文地址： 33 หมู่ 3 ตำบลบ่อผุด อำเภอเกาะสมุย สุราษฎร์ธานี

电话： +66-872-694-057

营业时间： 12:00~23:00

24 查汶拳击体育馆 Chaweng Boxing Stadium

MAP P.25 D3

在查汶海滩路上，每时每刻都会看见宣传泰拳的巡逻车，播放着“Tonight, Tonight, Chaweng Boxing Stadium”的声音，让人想一探究竟！

泰拳是泰国国技，也是很多人游泰的必备节目。位于查汶市中心的泰拳拳击场，隔天便有泰拳赛事，除了本地拳手赛事外，还有国外邀请赛。场内设有酒吧，比赛前和休息期间会有现场的泰式音乐表演，赛事本身更是拳拳到肉，拳手往往打至头破血流。

快速寻找

Haad Chaweng 3及Chaweng Beach Road交界，沿Haad Chaweng 3走大约5分钟。

资料

地址：21/18 Moo 3, Tambon Bo Phut, Amphur Koh Samui, Suratthani
泰文地址：21/18 หมู่ 3 ตำบลบ่อผุด อำเภอเกาะสมุย สุราษฎร์ธานี
电话：+66-77-413-504
比赛时间：21:00~23:30　门票：฿1000~1500*
网址：www.muaythaisamui.com
*视座位等级而定。

每逢赛事日，场内便挤满人，相当热闹。开赛前，拳手的一场祭祀舞蹈很可观。

查汶泰拳体育馆的正门外设大型停车场，方便夜归的朋友。

大会设有指示牌，简单易懂。

乐队会在开赛前和中场休息时奏起泰式音乐。

门票视座位等级而定，当中环绕台边的吧台座位区门票只需฿1200。

拳手真的拳拳入肉，手脚并用。

到了第四回合，蓝色拳手的眼角已被打破，但仍忍痛作战。

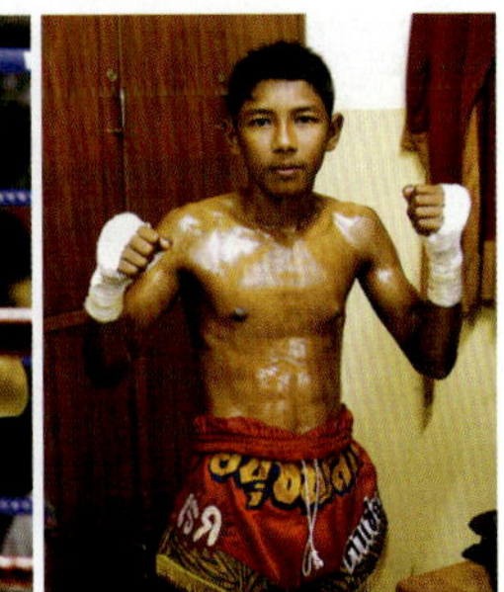

赛前赛后可跟拳手拍照，拳手都相当年轻。

阁沙梅岛(苏梅岛) Koh Samui
查汶 Chaweng
拉迈 Lamai
阁沙梅岛(苏梅岛)北部 Northern Samui
曾蒙海滩 Cheong Mon
阁沙梅岛(苏梅岛)南部 Southern Samui
纳通市 Nathon
阁帕岸岛(帕岸岛) Koh Pha Ngan
阁道岛(龟岛) Koh Tao

情侣专用套房，即使一人也可使用，无须附加费。

大型凉亭可同时容纳多人享受泰式按摩。

25 坐拥美景 依兰达草药水疗中心

MAP P.24 A1

快速寻找

Nora Beach Resort & SPA 旁山路走约5分钟。

阁沙梅岛（苏梅岛）上知名的水疗中心，以热带园林为主题，中心内小桥流水、处处瀑布，让顾客完全融入自然环境中。共有 6 间私人凉亭，更设有为蜜月情侣专用的套房，只要房间没有被预订，客人可随意选择治疗室，无须另外付费。

中心提供多种疗程，套装收费由 ฿2800 起（约 2.5 小时），使用的产品均由泰国香草和水果制成，含有丰富维生素，瘦身和脸部护理则使用 Aigotherm 和 Jurlique 等进口品牌。近期大热疗程是金箔脸部护理，使用日本进口牌子 IIYAKO。

室内的私家套房也设有特大按摩池，并附设桑拿房。

资料

地址: 9/37 Moo 2, Chaweng North Road, Tambon Bo Phut, Amphur Koh Samui, Suratthani

泰文地址: 9/37 หมู่ 2 ถนนเฉวงเหนือ ตำบลบ่อผุด อำเภอเกาะสมุย สุราษฎร์ธาน

电话: +66-77-422-666

营业时间: 9:00~21:00

网址: www.erandaspa.com

情侣套房的室外按摩池，有人使用时工作人员会把全区封闭，保证不会被人看到。

极具风格的水池，供桑拿客人降温。

每位宾客均能免费享用营养丰富的酸角水，味道有点酸和辣，相当提神。

中心使用的产品均是自制的新鲜材料或进口品牌，品质有保证。

中心的接待处，顾客可在这里享用特饮，同时听取工作人员介绍。

26 木兰水疗 Magnolia SPA

MAP P.24 A1

享受水疗虽然舒服，但一个疗程动辄也要数千铢。故 Magnolia 的老板特别开设一家任何人都能负担、价钱合理而水准高的水疗中心。

中心提供多种疗程，基本的水疗和按摩价格约 ฿1500 起，这里更是阁沙梅岛（苏梅岛）上唯一使用死海进口的死海泥产品的水疗中心，还量身打造多种疗程，让顾客身体能够吸收死海独特和丰富的矿物质。

中心虽没有按摩池，但设有按摩喷头，一样舒服。

SPA疗程也会使用泰国新鲜材料。

中心门外设有特大的宣传广告。

快速寻找

Kandaburi Resort旁。

资料

地址：Chaweng North Road, Tambon Bo Phut, Amphur Koh Samui, Suratthani

泰文地址：ถนนเฉวงเหนือ ตำบลบ่อผุด อำเภอเกาะสมุย สุราษฎร์ธานี

电话：+66-77-601-133 营业时间：11:00~21:00

休息：无休息日

网址：www.magnolia-spa-samui.com

中心也设有泰式按摩区。

进行水疗疗程的房间，也可两人同时进行。

足部护理的沙发相当舒服。

每晚酒吧均有驻场乐队演唱reggae音乐。

27 雷鬼音乐酒吧 Reggae Pub

MAP P.24 C3

位于查汶湖畔，隶属阁沙梅岛（苏梅岛）上颇具规模的娱乐场所集团，一店集合夜场、餐厅及商店，主题都围绕牙买加音乐及代表人物 Bom Marley，红、黄、绿三色就成为这里的主调，每天晚上均有驻场乐队演唱。附设的纪念品店面积相当大，服装之外，还有很多特色精品和摆设。

Reggae Club门外五颜六色的指示牌，指出世界各地国家的方向。

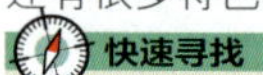

快速寻找

Living Square 后的查汶湖畔对岸。

资料

地址： 3/3 Moo 2, Tambon Bo Phut, Amphur Koh Samui, Suratthani

泰文地址： 3/3 หมู่ 2 ตำบลบ่อผุด อำเภอเกาะสมุย สุราษฎร ธานี

电话： +66-77-422-331-2　**营业时间：** 21:00~次日3:00

网址： www.reggaepubsamui.cm

酒吧共两层，下层设有舞池。

吧台提供多种酒以供选择。

特别珍藏版的酒，可惜是无价宝，不能买走。

室外餐厅。

纪念品店的正门，外面是餐厅。

纪念品推荐:

酒吧内也设有纪念品专柜售卖T恤。

设计有如交通灯的恤衫。฿600

想不到泰国也有毛线帽卖，带回去最合适，保证不会撞款。฿200

Bom Marley粉丝必买的锁匙扣。฿60

这位仁兄感觉有一点像巴西的桑巴女郎。

人妖的服饰华丽，也是拍照的好对象。

这位声称自己是Christina Aguilera，但笔者只能联想起大唱《The Sweet Escape》的Gwen Stefani!

28 免门票人妖秀 Staz Cabaret

MAP P.24 B2

在查汶 Khun Chaweng 商场外，每晚均有大批人妖列队招客，酒吧免收入场费，顾客只需消费饮品即可。人妖表演约2小时，其间穿上华丽服饰的人妖们将演出一幕幕精彩歌舞，最后更会与众同乐。表演结束后，顾客可跟他们合照，也是晚上娱乐的好去处。

快速寻找

Living Square 后的查汶湖畔对岸。

资料

地址: Khun Chaweng Shopping Center, Tambon Bo Phut, Amphur Koh Samui, Suratthani

泰文地址: ขุนเฉวงช้อปปิ้งเซ็นเตอร์ ตำบลบ่อผุด อำเภอเกาะสมุย สุราษฎร์ธานี

电话: +66-898-893-806 **表演时间:** 21:00开始

场内的酒吧收费较高，普通啤酒收费฿150~200。

场内设有很多座位，外国人喜欢边看表演边聊天。

射击场很受老外欢迎。

场内设有多条靶道，可容纳多人同时射击。

箭靶选择繁多，无论大小、静止还是移动均有。

29 阁沙梅岛（苏梅岛）射击场 Samui Shooting Range

MAP P.24 A4

未穿过大门，已经听到如雷般震耳的枪声，场内提供的枪种齐备，还有专人教导，无须经验和牌照，即使小孩子也能参加。实弹射击之外，还有射箭、野战等活动，如果要上导师的课堂大约 ฿900。

快速寻找

Makro超市对面。

资料

地址：124/1 Moo 1, Tambon Bo Phut, Amphur Koh Samui, Suratthani
泰文地址：124/1 หมู่ 1 ตำบลบ่อผุด อำเภอเกาะสมุย สุราษฎร์ธานี
电话：+66-77-962-488-9
营业时间：9:00~20:00

Seafood Fajitas，食法是用薄饼皮包着芝士、番茄、海鲜等配料，感觉有点像土耳其的Kebab，但味道较鲜。฿260

Mexican Lasagne，由芝士配上其他配料如牛肉等，可用粟米片蘸着来吃。฿195

非常香脆的粟米片，跟超市卖的完全是两回事，但要趁热吃，冷了便会变软。฿58

认准墨西哥的标志仙人掌，即能找到餐厅。

餐厅的啤酒屋一角。

30 即炸粟米片 Gringos Cantina

MAP P.24 B2

平日大家在超市买墨西哥粟米片时，可有想过新鲜炸出的味道如何？这里是阁沙梅岛（苏梅岛）上唯一的墨西哥餐厅，新鲜的粟米片非常香脆。还设有啤酒花园，提供墨西哥著名鸡尾酒 Margaritas，值得推荐。

快速寻找

必胜客对面小巷。

资料

地址：166/79 Moo 2, Tambon Bo Phut, Amphur Koh Samui, Suratthani
泰文地址：166/79 หมู่ 2 ตำบลบ่อผุด อำเภอเกาะสมุย สุราษฎร์ธานี
电话：+66-77-413-267
营业时间：13:00~次日2:00
网址：**www.gringoscantinasamui.com**

台上表演完毕，桑巴女郎会到台下跟食客拍照留念。

餐厅二楼也设有酒吧，不想吃正餐的朋友也能欣赏表演。

31 热情桑巴舞 Zico's

MAP P.25 D3

隶属 Centara Grand Beach Resort，被誉为岛上最成功的餐厅。虽然巴西烧烤对游客而言一点也不陌生，但这里的烧烤只需走近玻璃就已经感到火力强劲，肉类选择更多达 15 种，配菜也相当到家，沙拉吧任吃之外，伴碟的马铃薯也有 3 种，保证令人吃得动弹不得。

餐厅每晚均有来自巴西的桑巴舞表演，桑巴女郎更会走到顾客台前与众同乐，并有其他巴西地道民族表演，数小时的晚饭时间瞬间即逝。

两位桑巴女郎每晚8点均会准时表演，切勿错过。

餐厅内挂满巴西国旗，还以国旗内的黄绿色作主色调。

每个座位上均有一个牌子，如已经吃饱，就用红色的一面，服务员便不会加添食物。

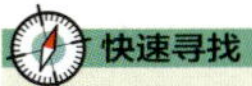

快速寻找

Centara Grand Beach Resort 商场对面。

资料

地址：38/2 Moo 3, Tambon Bo Phut, Amphur Koh Samui, Suratthani

泰文地址：38/2 หมู่ 3 ตำบลบ่อผุด อำเภอเกาะสมุย สุราษฎร์ธานี

电话：+66-77-231-560(敬请预约)

营业时间：18:30~22:30

网址：www.zicossamui.com

所有肉类均在火炉上现场烧烤。

肉类以外，餐厅也设有沙拉吧。

酒吧的环境相当不俗。

酒吧另一面的环境更有点迷人的感觉。

大虾茄汁宽条面。฿360

店内最有名的Rice Pizza，创新点是以白饭作比萨配料，跟芝士出奇地配，非常有滋味。฿310

32 创新大米比萨 Rice

MAP P.24 C2

位于查汶大街上的 Rice，奢华的装修尽引路人注意，门旁设有开放式厨房，尽览柴火砖炉烤制比萨，旁边还有喷水池，进入餐厅还得走过小木桥。最令人意想不到的是，楼高 3 层的餐厅竟设有玻璃电梯！食物方面，招牌作品 Rice Pizza 首创以白饭为馅料，难怪去年荣获“Samui Dining Guide”，被评为阁沙梅岛（苏梅岛）上最佳餐厅之一。

快速寻找

哈根达斯斜对面。

甜品是Dark Souffle，里面的暖心朱古力令人惊喜。฿250

法式焦糖焗布丁，焦糖脆面令人想再多吃一碟。

餐厅乍看好像只有两层，实际却有3层。

餐厅的外貌，在查汶街头特别出众。

餐厅3层亦设有吧台，提供各式饮料。

资料

地址：162/7 Moo 2, Tambon Bo Phut, Amphur Koh Samui, Suratthani
泰文地址：162/7 หมู่ 2 ตำบลบ่อผุด อำเภอเกาะสมุย สุราษฎร์ธานี
电话：+66-77-231-934　营业时间：13:00~0:00　网址：**www.ricesamui.com**

商场外有大型钟楼作地标，绝不会找不到。

33 阁沙梅岛（苏梅岛）唯一商场 Iyara Plaza

MAP P.24 B2

阁沙梅岛（苏梅岛）上唯一的商场，所有商店均为独立小平房，有点似奥特莱斯（Outlet）。多个国际品牌进驻其中，包括游泰必扫的华歌尔、阿迪达斯等品牌。

商店均是独立小平房。

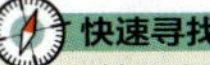
快速寻找

Haad Chaweng 1及Chaweng Beach Road交界，北面钟楼旁。

资料

地址： 90/13-16, Tambon Bo Phut, Amphur Koh Samui, Suratthani
泰文地址： 90/13-16 ตำบลบ่อผุด อำเภอเกาะสมุย สุราษฎร์ธานี
电话： +66-77-231-934　**营业时间：** 约13:00~22:00

餐厅外面有一家非常大的华纳兄弟片场专门店。

33a 知名纪念品 Iyara Oriental

泰国知名本土品牌，以售卖纪念品为主，亦有设计特别的T恤和环保袋等，送礼自用皆可。

店内有很多提倡环保的用品可供选购。

也有各种礼品，包括本地特色香枧、香薰座等。

以环保为题材的麻布袋。฿195

资料

电话： +66-77-231-383　**营业时间：** 13:00~22:00

33b 必买Polo衫 Lacoste

主要以夏装为主，其中Polo衫选择极多，款式也比国内的专卖店多。

资料

电话： +66-77-231-383
营业时间： 13:00~22:00

33c 产品选择多 adidas

有些国内没有的款式，泳衣选择更多，没有带泳装的朋友在这里选购也不太贵。

资料

电话： +66-77-230-250
营业时间： 13:00~22:00

33d 内衣七折 Wacoal

几乎所有女士游泰必扫的华歌尔，这里的内衣裤物美价廉。

资料

电话： +66-77-237-201
营业时间： 13:00~22:00

非常香脆的炸虾饼，谨记要趁热吃。฿130

酸辣炸鱼，酱汁味道有点像咕噜肉，很开胃。฿140

青咖喱鱿鱼筒，佐白饭一流。฿140

34 怀旧金曲夜 Ban Moniten Restaurant

MAP P.24 C2

餐厅位于查汶海滩，主要提供地道泰菜，食客可在海鲜档上自选海鲜和烹调方法，也可以选择在海滩伴着海风用餐或室内用餐。每晚 7 至 9 点均有来自菲律宾的夫妻档歌手弹吉他兼唱歌，除怀旧经典金曲之外，连粤语和国语歌也通晓，采访当日的一首《月亮代表我的心》，打动现场所有华人。

来自菲律宾的女歌手精通各国歌曲，卧虎藏龙。

快速寻找

哈根达斯对面的巷向海边直走。

资料

地址：5 Moo 2, Tambon Bo Phut, Amphur Koh Samui, Suratthani
泰文地址：5 หมู่ 2 ตำบลบ่อผุด อำเภอเกาะสมุย สุราษฎร์ธานี
电话：+66-77-422-169　营业时间：7:00~22:00
休息：无休息日　网址：www.montienhouse.com

海鲜档上，连整条鲨鱼也能选择。฿65/100克

沙滩上的座位特别受外国人的欢迎，常常满座。

35 座无虚的泰菜馆 Poppies

MAP P.25 D3

提供地道泰菜，主打新鲜海鲜，自 1995 年开业以来就很火爆，不订位根本不能入座。餐厅环境以泰国阿育陀耶王朝为主题，并附设传统手工艺专柜。逢周二晚有本地乐手表演，周六晚更有传统泰式舞蹈和音乐表演。

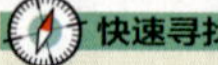

快速寻找

Awak Guesthouse斜对面。

资料

地址：28/1 Moo 3, Tambon Bo Phut, Amphur Koh Samui, Suratthani
泰文地址：28/1 หมู่ 3 ตำบลบ่อผุด อำเภอเกาะสมุย สุราษฎร์ธานี
电话：+66-77-422-419
营业时间：11:30~22:30
休息：无休息日
网址：www.poppiessamui.com

餐厅设计以泰国阿育陀耶王朝建筑为蓝本。

歌舞表演的舞台设于泳池上，保证每位客人都能看到。

头盘是软壳蟹配炒杧果，相当开胃。฿240

香草饭卷，以有机蔬菜和虾为馅，皮相当薄，味道鲜嫩。฿220

招牌菜品开边龙虾配泰式香草及蓝莓汁，伴进口牛排及时菜。฿950

36《曼谷日报》推荐 Eat Sense

MAP P.25 D2

餐厅在泰国相当有名，除了荣获最佳饭店外，更被英文版《曼谷日报》以全版报道推荐。餐厅位于海边，格调华丽，伴随悦耳海浪声，晚上还有孔明灯照亮夜空。主要供应融合式泰菜，主打海鲜菜式，除保留泰式传统口味外，还结合西餐精华，符合阁沙梅岛（苏梅岛）混血儿的性格。

餐厅可让食客亲自放孔明灯。

餐厅的环境颇有格调，所有台面均铺上了台布。

快速寻找

Buri Rasa酒店旁。

资料

地址：11 Moo 2, Tambon Bo Phut, Amphur Koh Samui, Suratthani
泰文地址：11 หมู่ 2 ตำบลบ่อผุด อำเภอเกาะสมุย สุราษฎร์ธานี
电话：+66-77-414-242(敬请预约)
营业时间：11:00~0:00
网址：www.eatsensesamui.com

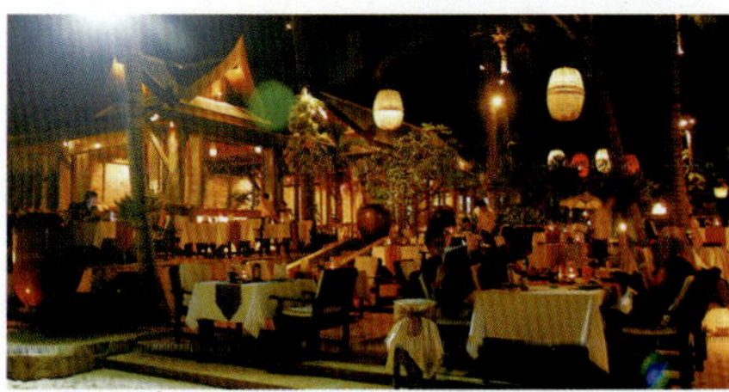

沙滩旁的位置最受欢迎，谨记早一天预订。

专家指点：泰国泡夜店攻略

1. 证件随身带　在泰国合法的夜生活年龄是20岁，不管你模样生得是否老成，在泰国去夜店都一定要带身份证明文件，ID也好，passport都好，总要有一证傍身，皆因每间夜场入口都要查证，到门口却被拒之门外未免扫兴。
2. 凌晨2点散场　泰国政府鉴于毒品问题严重，故规定所有夜场凌晨2点便要关门打烊，不过阁沙梅岛（苏梅岛）上法令较宽松，但还是有心理准备好。
3. 晚10点人气最旺　鉴于泰国夜场2点便打烊，泰国夜间的黄金时间是晚上10点至凌晨1点。

实物原大的冰雕，笔者和阁沙梅岛（苏梅岛）朋友的至爱，极其逼真！

37 阁沙梅岛（苏梅岛）冰酒吧 Bar Ice Samui

MAP P.24 B2

在火热的阁沙梅岛（苏梅岛），要降温消暑，最新办法是去Bar Ice。这间有如大冰箱的酒吧，-7℃的冰房内不仅冷，还富有冰国风情，置有大量冰雕，连吧台和酒杯也用冰制成，配合彩色的灯光效果，情调一流。只可惜冰吧实在太冻人，不能坐得太久。

从酒吧的正门看，感觉不太像-7℃。

快速寻找

Nova Samui Resort对面。

资料

地址：147/6, Moo 2, Tambon Bo Phut, Amphur Koh Samui, Suratthani
泰文地址：147/6 หมู่ 2 ตำบลบ่อผุด อำเภอเกาะสมุย สุราษฎร์ธานี
电话：+66-77-484-933
营业时间：16:00~次日2:00
入场费：฿375
网址：www.baricesamui.com

Bar Ice一共有两个酒吧，一个位于冰房内，一个位于大堂侧的附设露天酒吧。

进入冰房前，每位客人均获发羽绒斗篷和雪帽，建议读者去时别穿拖鞋。

所有圆锥形的酒杯都由冰雕做成，拿上手极冻，嘴唇更不能直接接触，故酒要用饮管吸。

酒吧有多种酒选择，红色的为Ting Tong，由伏特加和红莓汁调制而成。฿200

酒吧内所有冰块均由加拿大进口，不含气泡，特别晶莹剔透。

Boots内设有多个品牌的专柜，而且时有减价。

所有泰国Boots均设有药房，如出门不幸有头晕发热，大可来找药剂师帮忙。

38 价廉物美护肤品 Boots

MAP P.24 C2

英国护肤品牌 Boots 一直被公认为价廉物美，百多港币就有名牌般的品质，受许多白领追捧。可是自从绝迹香港后，只剩下主场的英国和泰国独卖，而泰国的 Boots，更设有其他化妆品牌的专柜，兼附设药房，俨如屈臣氏，成为游人游泰必扫的产品之一。

Boots 在阁沙梅岛（苏梅岛）上共有 4 间分店，3 间位于 Chaweng Beach Road、1 间位于 Big C 超市的购物中心。论货品最齐，就要到 Tops Supermarket 附近那家，买得多还有盒装赠品送，非常合适。

快速寻找

Chaweng Beach Road近Tops Supermarket入口。

资料

地址：167/49, Moo 2, Had Chaweng Road, Tambon Bo Phut, Amphur KowSamui, Suratthani

泰文地址：
167/49 หมู่ 2 ตำบลบ่อผุด อำเภอ กาะสมุย สุราษฎร์ธานี

电话：+66-77-230-835

休息：无休息日

网址：**www.th.boots.com**

8大最佳购买产品

虽然近来英镑大跌，但泰国很多货品的价钱仍然低一大截，以下精选8大最佳购买产品，送礼自用皆宜。(售价仅供参考)

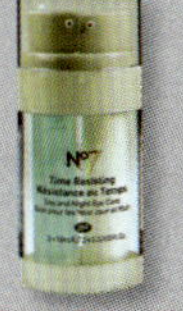

No.7 Time Resisting Day & Night Eye Care X 2
Boots王牌产品，内含日夜眼霜各一支，日间减眼袋和黑眼圈，晚间则淡化眼纹。
泰国售价：฿599

Botanics Moisturising Eye Cream
提子味Eye Cream，有保湿和除黑眼圈作用。
泰国售价：฿199

Botanics Moisturising Eye Cream for Normalor Dry Skin
保湿眼霜，除减眼纹及黑眼圈外，其人参精华更有抗氧化作用。泰国售价：฿199

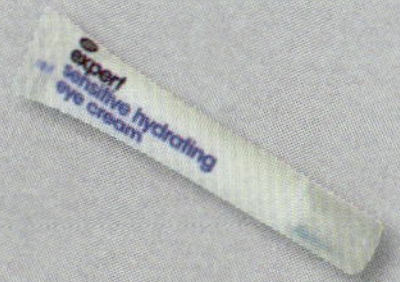

Boots Expert Sensitive Hydrating Eye Cream
特别针对敏感肌肤的特别配方，有效去眼纹和保湿。
泰国售价：฿200

Boots Hand and Nail Cream for Delicate Skin
只限泰国出售，多种味道选择，滋润而不腻，男士也适用。泰国售价：฿100

Olay Total Effects 7 in 1 Anti Aging Cream
玉兰油7合1日霜，能改善7大岁月问题，包括抚平细纹、收毛孔等。泰国售价：฿399

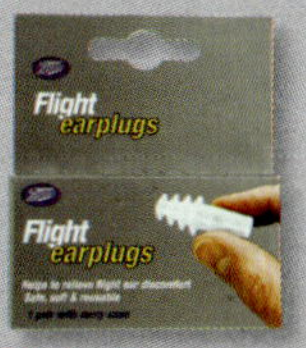

Flight Earplug
Boots出品飞行专用耳塞，搭长途机时也能安眠入睡。
泰国售价：฿259

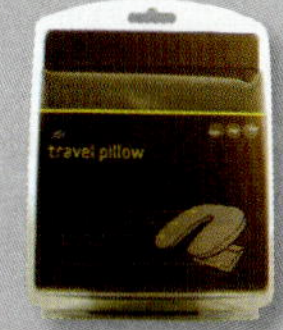

Travel Pillow
Boots出品吹气颈箍，乘长途夜车和飞机必选。
泰国售价：฿179

阁沙梅岛(苏梅岛)4大超市

Big C是阁沙梅岛(苏梅岛)唯一设有室内停车场的地方,风吹雨打也不怕。

39 游客至爱超市 Big C

MAP P.24 A4

Big C 向来是游人游泰必逛超市，皆因日用品、食品、衫裤衣物、影碟都一应俱全，场内更附设 Boots、KFC 等商店，足够逛足半日。

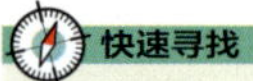

快速寻找

The Bandon International Hospital旁边。

资料

地址：129/19 Moo 1, Tambon Bo Phut, Amphur Koh Samui, Suratthani
泰文地址：129/19 หมู่ 1 ตำบลบ่อผุด อำเภอเกาะสมุย สุราษฎร์ธาน
电话：+66-77-960-711
营业时间：9:00~23:00
网址：**www.bigc.com.th**

外形有一点像仓库，Tops内的产品齐全。

40 顶级超市 Tops Supermarket

MAP P.24 C2

位于查汶市中心闹市内，虽不及 Big C 大，但位置方便，更营业至凌晨 2 时。超市外也设有大型停车场，购物即享 2 小时免费停车。

快速寻找

Chaweng Beach Road见Tops Supermarket牌坊转入即达。

资料

地址：200 Moo 2, Tambon Bo Phut, Amphur Koh Samui, Suratthani
泰文地址：200 หมู่ 2 ตำบลบ่อผุด อำเภอเกาะสมุย สุราษฎร์ธานี
电话：+66-77-231-186
营业时间：9:00~次日2:00
网址：**www.tops.co.th**

makro的占地非常大，逛2小时也未必能够逛完。

41 万客隆超市 Makro

MAP P.24 A4

Makro 是阁沙梅岛（苏梅岛）上唯一的批发超市，所有货品包装型号皆超大，售价比 Big C 或 Tesco Lotus 更便宜，室外也设有大型停车场供顾客使用。

快速寻找

Thai International Hospital往Bo Phut方向步行大约5分钟。

资料

地址：115/52 Moo 6, Tambon Bo Phut, Amphur Koh Samui, Suratthani
泰文地址：115/52 หมู่ 6 ตำบลบ่อผุด อำเภอเกาะสมุย สุราษฎร์ธาน
电话：+66-77-2960-140-57
营业时间：6:00~23:00
网址：**www.siammakro.co.th**

Tesco Lotus的正门看似只有超市，但后面却另有一个世界。

42 附设商场 Tesco Lotus

MAP P.24 B4

英国超市品牌，面积与 Big C 相仿，货品品种也相当齐全，超市后面附设购物中心和数间饭店，也有部分国际品牌进驻。

快速寻找

Thai International Hospital对面。

资料

地址：1/7 Moo 6, Tambon Bo Phut, Amphur Koh Samui, Suratthani
泰文地址：1/7 หมู่ 6 ตำบลบ่อผุด อำเภอเกาะสมุย สุราษฎร์ธานี
电话：+66-77-245-400-24
营业时间：9:00~23:00
网址：**www.tescolotus.net**

弹跳式的玩法，玩家会在空中弹来弹去，非常惊险。

从钢架顶向下望，一切有如小人国，看一下已脚软。

嫌不够刺激，可选择全身落水、半身落水或是蜻蜓点水，但女士谨记穿泳衣打底。

43 刺激大挑战 蹦极

MAP P.24 C3

在查汶抬头仰望总会看到一个貌似起重机的红色钢架，这其实是 50 米高的蹦极跳台。跳台位于查汶湖畔，在十多层楼高的跳台上能够俯瞰整个查汶以至阁沙梅岛（苏梅岛）北部风景。这里的笨猪跳除了向下跳的传统玩法外，还有利用强力橡筋弹上半空的玩法，一样吓破胆。

这红色铁塔，已成为查汶标记。

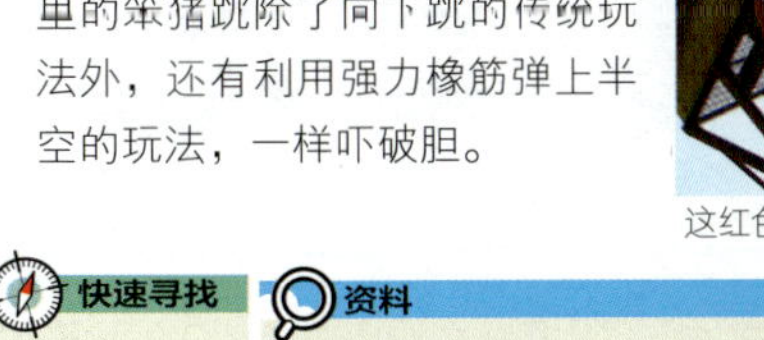

笨猪弹过程步骤

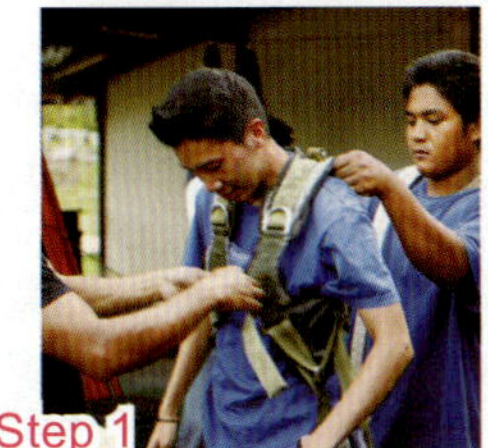
Step 1
工作人员先为玩家穿上安全装备。

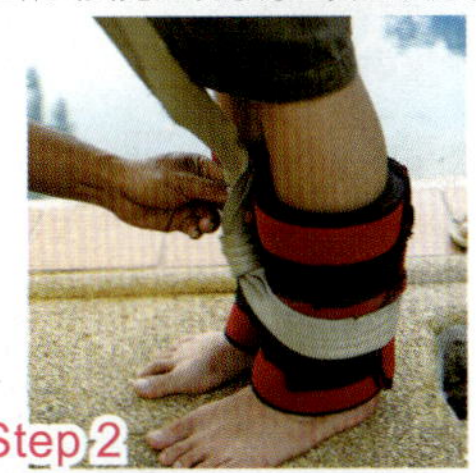
Step 2
最重要是脚上的绳索装置够稳固。

Step 3
工作人员把钢架升起，将橡筋绳索拉紧，准备发射！

玩前扮镇定，其实超紧张！

Step 4
工作人员一放手，整个人即弹上数十米的高空，吓得花容失色。

快速寻找

Reggae Club 直走。

资料

地址：Soi Raggae Chaweng, Tambon Bo Phut, Amphur Koh Samui, Suratthani
泰文地址：ซอยเร็กเก้ เฉวง ตำบลบ่อผุด อำเภอเกาะสมุย สุราษฎร์ธานี
电话：+66-77-414-252　开放时间：10:00~19:30
休息：无休息日　网址：www.samuibungy.com
Bungy Jump收费：฿1650　*包证书一张。

看这位仁兄玩完，多兴奋！

火红色的泳池是酒店标记，配上蓝天碧海和绿色的草地，就像一张张不同主题的风景照。

44 图书馆 The Library

MAP P.24 C2

位于查汶海滩旁的图书馆（The Library），几乎成为阁沙梅岛（苏梅岛）的标记。这家与众不同的年度设计酒店，由当地设计师 Kasemthan Sornsong 主理，简约的设计，也融合自然环境，房间都以 monotone 纯色为主，摆设雕塑遍布各角落，有形得不得了。

酒店共有 26 间房间，分布在 13 栋的白色小屋内，每间房间均以书的页数为名，寓意住客活在书中，在不同的页内写下美好的一页。

办理入住手续时，酒店会送上提神的柠檬苏打水和雪糕，消暑解渴。

走进酒店范围前，高高的外墙增添一份神秘感。

酒店大堂名为content。

快速寻找

查汶海滩中部，Chaweng Lake附近，由机场坐车前往约10分钟。

资料

地址： 14/1 Moo 2, Chaweng Beach, Tambon Bo Phut, Amphur Koh Samui, Suratthani
泰文地址： 14/1 หมู่ 2 หาดเฉวง ตำบลบ่อผุด อำเภอเกาะสมุย สุราษฎร์ธานี
电话： +66-77-422-768　**网址：** www.thelibrary.co.th
房间数目： 26间　**SPA服务：** 有(位于酒店外)
沙滩： 有(公用)　**房价：** ฿12600起/晚
主要设施： 餐厅、酒吧、健身室、商店、图书馆兼电脑室、游泳池等。

酒店四处都布满看书的人形雕塑，拍照一流。

不论日景、夜景，景致一样迷人。

酒店兴建时刻意保留原有树木，故常见穿墙而生的植物，有趣！

所有房间分别建于木板步道两旁，颜色对比强烈。

酒店正门有读书人雕塑作标记，很易找。

房间都以页数命名，最喜欢Page 1。

酒店四周绿意盎然，到处都能看到海天一色的景色。

酒店内共设13栋小屋，上、下层为不同种类的客房。

2大房型推荐：

睡房设计虽简约，却尽见心思，如床头的LCD灯可按住客心情而调整颜色。

晚上调暗了主电源，LCD灯更突出。

44a 纯白设计 Smart Studio

全部位于小屋的二楼，房间以纯白色设计。屋内共分为 3 个主要部分，包括睡房、洗手间和露台，睡房更包括个人工作间，洗手间内也设有衣帽间。

资料

房价：฿12600起/晚

房间内设备齐全，包括提供免费上网服务的iMac和iPod播放器，还有42寸Plasma TV及DVD播放机。

阳台有两张太阳椅让住客晒个够，不用到沙滩跟人挤。

洗手间内设有衣帽间，方便住客摆放行李。

睡房外直通私人露台，可眺望查汶海滩的景色。

睡房直通户外草坪，为节约能源，当玻璃门打开超过1分钟便会自动关闭冷气。

房间内的Jucuzzi，只嫌不够情侣双人鸳鸯浴。

每间房均提供一套精美的个人清洁用品，即使没有自备也没有关系。

44b 异域情调的套房 Exotic Suite

位于地下的 The Suite，房间面积比 Studio 稍大，以黑白相间的摩登设计为主。设有独立衣帽间和室外的私人空间。卖点是设有 Jacuzzi，结束一天的行程后，回来可享受水力按摩，爽！

资料

房价： ฿16000起/晚

房间设有iMac和Plasma电视连DVD机，待在房间一整天也不觉得闷。

两大一小的睡床，适合全家人度假。

室外的空间也十分宽敞，微弱的海风下最适合写作的朋友。

附设餐饮设施推荐：

餐厅环境非常优美，外面就是著名的查汶海滩。

餐厅外铺设木板平台，很有假日气氛。

44c 海滩餐厅 The Page

坐落在查汶海滩旁的餐厅，也是 The Library 的最后一页。附设恒温酒窖，提供从世界各地进口的优质美酒。除可单点丰富早餐外，还供应世界不同地方的佳肴，也有酒店特色的鸡尾酒，可让住客泡在红色泳池中享用。

来自英国的大厨，为我们炮制大虾春卷配酸辣汁。฿300

资料

营业时间：7:00~22:00

烤黄鳍吞拿配黑椒薯仔，鲜美非常。฿700

餐厅提供多种早餐选择，食客可在点餐纸上自由配搭。

配合火红泳池的特饮Red in White，味道颇烈。฿280

The Emeral，由Gin、香蕉、石榴和青柠汁配制而成，易入口，最适合女士饮用。฿280

44d 附设图书馆 The Lib

酒店内的真正图书馆，分为藏书和影音馆两部分，住客可使用这里的 3 部 iMac，边阅读边上网闲聊。The Lib 环境简朴干净，面向大海对比格外鲜明。值得一提的是，这里也出售酒店纪念品和泳装，很多设计都不错！

纪念品专柜叫人花费很大。

供住客躺下看电影的座椅，十分舒服。

资料

营业时间：9:00~20:00

The Lib环境幽雅，外面便是蓝天碧海的查汶海滩。

房间内的磁石贴和摆设，这里都有售。

这里也出售比基尼泳衣，火红颜色切合酒店主题。

影音光碟小屋内设有Plasma TV和CD试听。

附设水疗推荐：

水疗中心内部建有巴厘岛式庭园，在阁沙梅岛（苏梅岛）实属罕见。

水疗室可容纳两人，里面环境幽雅。

脸部护理疗程均采用澳大利亚著名品牌Jurlique的产品。

Is SPA的正门在The Library旁边，住客要先到门外才能找到。

享受水疗之后，顾客可在室外的巴厘岛式亭台休息。

44e 巴厘岛式庭园 Is SPA

风格与酒店截然不同的Is SPA，以巴厘岛式庭园作蓝本设计，提供不同种类的水疗，当中最受欢迎的是3小时的排毒疗程。这里也提供脸部护理，采用澳大利亚著名品牌Jurlique的产品，在简朴的酒店享受的同时，来这里享受异国风情水疗也不错。

等候工作人员准备时，顾客可享用来自泰北的透心凉香草茶。

资料

营业时间： 9:00~21:00
电话： +66-77-414-141(ext:3)
推荐疗程： Total Detox Ritual ฿6000/180分钟

酒店环境幽雅，不乏小桥流水。

45 纱丽拉雅度假酒店 Sareeraya Resort

MAP P.24 B2

距烦嚣的查汶海滩不到5分钟车程，这家阁沙梅岛（苏梅岛）最新开的酒店充满艺术氛围。大堂采用金属色系，糅合传统的建筑与当代艺术。酒店面对海天一色的景致，又增添假日感觉。

每间房均配备 Bvlgari 个人卫生用品，格调高雅，享受难得的私人空间。是查汶区少有的既宁静，环境和设计又不俗的酒店。

酒店设有阅读阁，躺在沙发上看书十分舒服。

椰树倒映在阶梯般的泳池上，赏心悦目。

酒店的大堂，把历史元素融入崭新设计中。

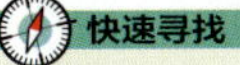

快速寻找

机场附近，约5分钟车程。

资料

地址： 100/1 Moo 2, Chaweng Beach, Amphur Koh Samui, Suratthani
泰文地址： 100/1 หมู่ 2 หาดเฉวง ตำบลบ่อผุด อำเภอเกาะสมุย สุราษฎร์ธานี
电话： +66-77-914-333 **网址：** www.sareeraya.com **沙滩：** 有(公用)
主要设施： 餐厅、酒吧、阅读室、游泳池等 **SPA服务：** 无
房间数目： 49间 **房价：** ฿9259起/晚

3大房型推荐：

露台景色怡人，所有房间均有海景。

如欲入住配备按摩池的Suite Corner，敬请提前预订。

45a 特大主人床 Sareeraye Suite

设于酒店两侧主楼上的标准客房，内有特大主人床及露台，共有24间。当中每层尽头两间房的露台更设有按摩池。

资料

房价：฿9259起/晚

房间的格调混合中国元素，既有古式也有时尚味道。

所有房间均设置淋浴间和浴缸，浴室和睡房之间的窗帘也可打开。

房间内一角，也设有工作间和餐桌。

房间设于地下，可直通泳池，而且面积颇大，可放心畅泳。

室外部分设有淋浴设施，但无遮无掩，亚洲人未必习惯。

45b 房间直通泳池 Sareeraya Suite With Pool Access

设于主楼，每间房均直通房外的共用泳池，房内设计与标准客房相同，但室外加设淋浴间，让住客更能够享受自然环境。

资料

房价：฿10802起/晚

色彩斑斓的起居室感觉欢欣，一家人在这里聊天再好不过。

按摩池可拉上木帘，俨如私人空间，除了有热水外，池身也有变色装置，十分浪漫。

45c 总统套房 President Villa Sareeraya

属酒店的总统套房，内置2间睡房、起居室、特大Infinity Pool和按摩池以及室外淋浴，最适合一家人在这里共享天伦之乐。

房间毗连海滩，环境非常优美。

室外设有淋浴间，也提供热水。

房间泳池有如与汪洋连成一片，畅泳其中特别舒畅。

池畔设有私人花园，除了享受日光浴之外也可在此用餐。

房间设有两间睡房，这间则可以把床分开，适合朋友或小孩入住。

主人房感觉柔和，也设有咖啡间，十分方便。

资料

房价：฿30862起/晚

附设餐饮推荐：

新西兰羊排骨配上开心果制成的脆皮，拌着青椒酱吃，肉汁和脆皮带来两种层次的口感。฿790

澳大利亚薄片西冷配甜菜根和紫椰菜丝，下层还附有意大利炸云吞，非常开胃。฿370

45d 如艺术般的菜肴 Chef's Table

酒店附设的餐厅，除提供丰富的 À la carte 早餐，还供应世界各地菜肴。行政主厨 Roland 来自澳大利亚，自小对厨艺产生兴趣，曾在悉尼喜来登酒店任职 30 多载，也曾到纽约和新加坡担任主厨，最后来到阁沙梅岛（苏梅岛），即爱上这宁静的人间天堂。他的菜式不仅是食物，还是艺术，卖相巧夺天工。

主厨推荐的Fusion泰菜，炸大虾配上辣酱，非常美味。฿280

Tequila Sunrise，加上橙汁和石榴汁，口味适合女生。฿210

餐厅环境怡人，旁边便是清澈见底的海滩。

资料

营业时间：6:00~23:00

甜品推荐这个士多啤梨蛋糕配香蕉拖肥，拌意大利青柠雪糕，卖相和口感都令人难忘。฿200

餐厅的特饮Samui Paradise，由多种酒和椰奶、水果调制而成，入口甜美。฿215

酒店为WORLDHOTELS豪华系列，大堂使用阶梯式设计，有如进入宫殿，甚具气势。

46 拉瓦纳别墅度假村 Villa Lawana

酒店获美国优质服务协会颁发五星钻石殊荣，而且有格外亲切的感觉，大堂正中挂了“符室符家”的中文牌匾，并有大量清末民初的木椅和家具摆设，这一刻，仿佛不在泰国。但再深入酒店，又会发现酒店不乏泰国元素，如泰式亭子和椰林树影。原来，这正是酒店的主题。

中国移民历史印记

阁沙梅岛（苏梅岛）的历史和中国移民其实息息相关，几经岁月，中国移民成为阁沙梅岛（苏梅岛）的原住民，但在今天的阁沙梅岛（苏梅岛），除了纳通的历史建筑外，只有这里可以找到中国人的足迹。玩厌了泰国感觉的游客，何不尝试这个混血范儿？

快速寻找

机场附近，约5分钟车程。

资料

地址： 91/1, Moo 2, Tambon Bophut, Amphur Koh Samui, Suratthani
泰文地址： 91/1 หมู่ 2 ตำบลบ่อผุด อำเภอเกาะสมุย สุราษฎร์ธานี
电话： +66-77-960-333 **房间数目：** 122间
SPA服务： 有 **沙滩：** 有(公用) **房价：** ฿7700起/晚
主要设施： 餐厅、酒吧、图书馆、游泳池、商店、会议室等
网址： www.lawana-chaweng.anantara.com

连工作人员的制服也有点中泰混搭的感觉。

等候办理入住手续时，工作人员会送上冰冻的毛巾和香草茶。

酒店亦设有图书馆，藏有不少书籍，包括泰国厨艺、文化、设计等，出行也可以学到很多本地文化。

Infinity Pool旁也设有太阳椅供住客使用。

从这个角度看，大堂感觉有如置身江南大宅之中。

想不到在阁沙梅岛（苏梅岛）也有这种中式窗框。

酒店私人沙滩上设有水上活动设备，让住客使用。

2大房型推荐：

床边挂了泰式的香花，床头则挂着"家和万事兴"的小牌匾，贯彻中泰混血的特征。

46a 豪华房 Deluxe Lawana

位于别致的灰色小木屋的上层，每间房均设有露台，也有特大浴缸和淋浴设施，住客可选择露台向海的房间。

味道有一点中国风的露台，设有Daybed，晚上点起洋烛更浪漫。

房间浴缸很大，两个人浸浴也绰绰有余。

资料

房价： ฿7700起/晚

室外设有特大活动空间。

主人床的布置偏向泰式，床架挂上泰式的香花。

海景泳池别墅 Seaview Pool Villa

属于最大的房间，每间房均设有 8.5 米 ×3.5 米的大泳池，内设可变成另一间睡房的起居室，也设有两个特大的浴室，室外则设有 Sundeck 和浴缸，无论蜜月爱侣还是一家大小都合适。

资料

房价： ฿18020起/晚

除了Daybed外，还有太阳椅，不乏选择。

充满中国特色的起居室，可变成另一间睡房，方便一家大小入住。

部分别墅的泳池旁更有无敌大海景。

室外露天浴缸，不过私隐度颇低，不是人人可以接受。

浴室设备非常齐全，即使没有带卫生用品也不用担心。

附设餐饮、水疗推荐：

冷热春卷，其实是泰式炸春卷，拼越式春卷，拌不同的酱汁吃。฿255

笔者最爱的小吃拼盘，有3种口味，十分美味。

充满阁沙梅岛（苏梅岛）特色的Coconut Mousse，叫人不舍得吃。฿255

46c 海滩快餐餐厅 OceanKiss

餐厅的主餐厅，位于宁静的海滩旁，提供本地新鲜海鲜和国际美食，也提供汉堡包、三明治等小吃，非常适合在泳池或海滩享受的朋友。

阵阵海风的餐厅，环境非常怡人。

炸大虾配沙拉青芥末酱，入口非常脆。฿350

资料

营业时间：6:30~23:00

每个泰式别墅包厢尽享独立空间，最适合情侣入住。

要享受最美好的景色，还是黄昏时最佳。

46d 浪漫包厢SkyHug

酒店新开设的餐厅，位于山上，由一个个充满泰国特色的私人包厢组成，点上洋烛，美酒佳肴伴随，望着迷人的大海，十分浪漫。

资料

营业时间：19:00~23:00

治疗室和浴室之间设有吊沙发让客人休息，舒服得很。

每间治疗室对面均设有私人浴室，非常体贴。

治疗室设计简朴。

总觉得SPA House有点海南岛热带风情，或许因为老板是海南移民后裔之故。

46e 中国风绿庭园 Anantara Lawana SPA

充满中国风情的水疗中心，环境幽雅，内设绿意盎然的中央庭园，竹迹处处。中心共设有9间治疗室、2间泰式按摩室和1间指甲护理室。所有产品均使用新鲜材料或澳大利亚进口品牌。

资料

营业时间：10:00~22:00

接待处设有百子柜，摆有中药材，在泰国来说真的很有特色。

笔者走遍阁沙梅岛（苏梅岛）多间水疗中心，发现这里的Herbal tea最好喝。

中心使用的材料均是天然的和新鲜的，保证健康。

大堂设计以国际象棋为主题，还有棋子的摆设，十分有趣。

酒店内绿化率相当高，四处均是绿油油，让人悠然自得。

主大楼耸立草坪之上，有如一座白色宫殿。

47 阁沙梅岛中央海滩度假村 Centara Grand Beach Resort Samui

MAP P.25 D2

度假村位于查汶市中心，隶属泰国广设酒店的龙头酒店集团——Centara，度假村地理位置优越，虽然已有近 13 年历史，却不比其他新开业酒店逊色。最大焦点是附设 4 间高水准餐厅，当中以巴西烧烤为主的 Zico's（详见 P.45）和日本餐厅“荻”最为有名，度假村对面还有一条迷你食街，附近也酒吧林立，绝对是爱吃一族的首选。

度假村的主泳池面积相当大，也附设按摩池。

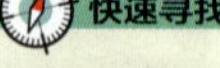

快速寻找

查汶海滩中部，由机场坐车前往约10分钟。

资料

地址： 38/2 Moo 3, Tambon Bophut, Amphur Koh Samui, Suratthani
泰文地址： 38/2 หมู่ 3 ตำบลบ่อผุด อำเภอเกาะสมุย สุราษฎร์ธานี
电话： +66-77-230-500
网址： www.centarahotelsresorts.com/csbr/csbr_default.asp
房间数目： 203间　**SPA服务：** 有　**沙滩：** 有(公用)
主要设施： 餐厅、酒吧、网球场、游泳池、健身室、儿童活动室、商场、排球场等
房价： ฿4200起/晚

度假村四处都有大量太阳椅，无论草坪、池畔还是海滩上，均能享受日光浴。

2大房型推荐：

酒店共设有 8 种房型，部分房型以床位数量划分，凡是豪华海景房会所以上的住客均是会所会员，都能免费使用会所的设施。

房内提供舒适的浴袍和软绵绵的拖鞋。

部分房间也设有浴缸，须于订房时特别要求。

房间设有LCD电视，提供多个卫星电视频道选择。

47a 豪华海景房 Deluxe Seaview

酒店最基本的房型，共有 60 间，设有 King Sizo 床（欧美指 203 厘米 × 193 厘米的大双人床）和 53 间设有两张单人床，部分房间设有浴缸。住客也可升级至位于高层的豪华海景房会所，免费享受会所的所有设施。

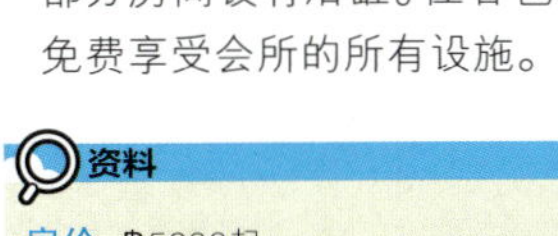

资料

房价： ฿5600起

所有房间均设有海景露台，亦设有太阳椅。

相对其他酒店的房内按摩泳池，此处空间相对较大，两个人也有活动空间。

起居室的沙发超舒服，每天可以坐在这里边看DVD边吃新鲜水果，十分惬意。

47b 室外按摩泳池 Premium Deluxe Pool

共有 22 间，卖点是每间房均设有带按摩功能的室外泳池，此级别的房间也附设 DVD 播放机让住客使用。房间的各部分可打通，然而私密度非常高，故深受亚洲旅客欢迎。

房间的室外部分、起居室、睡房和浴室均可打通，空间感十足。

资料

房价： ฿6000起/晚

附设餐饮、设施和水疗推荐：

自助早餐有多种选择，保证合你口味。

意大利菜代表，先清蒸石斑再稍煎外层，拌上蚬肉和橄榄，鲜味十足。฿710

47c 出色的西餐 Palm Grove

位于酒店大堂地下的餐厅，提供自助早餐以外，还供应各国美食，当中以西餐最为出色。餐厅环境典雅，面临翠绿的大草坪，在这里喝一杯咖啡或特饮，再配上美食就再好不过了。

资料

营业时间： 6:30~23:00

Volcano，虽然颜色有点吓人，但味道颇佳。฿240

酒店特饮Chaweng Sunrise，味道较甜，但很易入口。฿265

意大利杂菜汤，味道偏淡，但盘碟设计甚有创意。฿130

黄鳍鱼拗配日式酱汁，采访时笔者虽然已非常饱，但依然吃光整碟。฿650

寿司拼盘，只需฿700，包括金枪鱼、三文鱼、北极贝、三文鱼子寿司和加州卷等，十分出色。

47d 阁沙梅岛（苏梅岛）少有的高水准日菜 Hagi

曾有友人跟笔者说最喜欢到泰国吃日本菜，当时的想法是这个人绝对疯了。不过，Centara 的日本餐厅“荻”绝对有惊喜！寿司鱼生的刀工不俗，烧物也恰到好处，在阁沙梅岛（苏梅岛）上很难找到这种级别的日本餐厅。餐厅只在晚上营业，光顾的朋友要谨记。

资料

营业时间： 18:00~23:00

为反映花园的主题，建筑时刻意保留路上的大树。

47e 流水花园水疗 SPA Cenvaree

Centara 集团旗下的水疗中心，在阁沙梅岛（苏梅岛）也设有两家，均以花园为主题，且处处流水，荷花盛开时更飘逸莲香。中心内设12间独立水疗室，其中9间单人房、3间情侣房。房间设计各有特色，其中的双人鸳鸯按摩池和单人水力按摩池更是这里的卖点。中心所用的产品除自家制的按摩油外，还有澳大利亚进口的 Jurlique，而使用喜马拉雅山的热石按摩更是这里的王牌疗程。

另一特色水力按摩池，设于单人房内。

来自尼泊尔喜马拉雅山的石头，每块石上均刻有不同图案。

资料

营业时间：9:00~20:00

最浪漫的治疗室，云石地板内的按摩池，加上各种花瓣，一定讨得女士欢心。

中心设有凉亭让住客休憩，门外不远处也有大量凉亭。

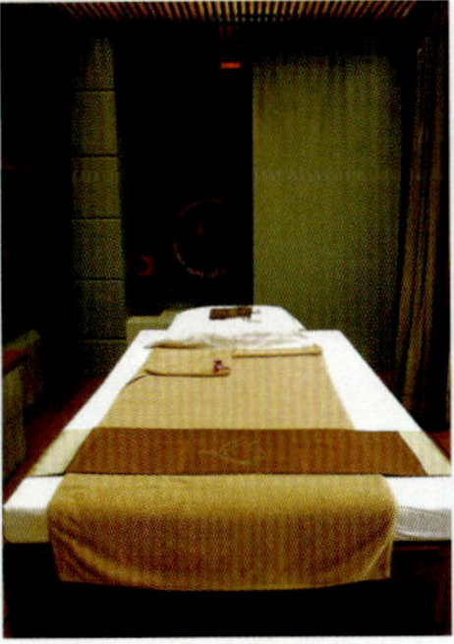
水疗之外，这里也提供泰式按摩服务，连眼罩也有提供，非常体贴。

中心使用的均为天然材料，绝不添加有害物质。

酒店大门石刻突出室利佛逝王朝的王题。

48 布里扎海滩度假村及别墅水疗中心 The Briza Resort & SPA

MAP P.24 B1

位于查汶北部，靠近阁沙梅岛（苏梅岛）国际机场，设计风格特别，以古印尼最大王朝——室利佛逝 (Srivijaya) 风格为蓝本，四处均能找到富有历史味道的摆设和装饰。

可办王朝式婚礼

为配合历史的主题，酒店最大特色是可为客人安排传统的室利佛逝式婚礼，新人会穿上传统服饰，并请来得道高僧祝福新人，如此难忘独特的婚礼，全泰国只此一家。

传统婚礼的阵容相当强大，保证毕生难忘。

泳池的设计也以王朝的石刻为题材。

大堂设计充分运用弧形线条，晚上四处亮起烛光，气氛更佳！

酒店在沙滩上设有沙发床，晒太阳特别舒服。

快速寻找

机场附近，约5分钟车程。

资料

地址： 173/22 Moo 2, Chaweng Beach, Tambon Bophut, Amphur Koh Samui, Suratthani
泰文地址： 173/22 หมู่ 2 หาดเฉวง ตำบลบ่อผุด อำเภอเกาะสมุย สุราษฎร์ธานี
电话： +66-77-231-999　**网址：** www.thebriza.com
房间数目： 57间　**SPA服务：** 有　**沙滩：** 有(公用)
主要设施： 餐厅、酒吧、游泳池、健身室、图书馆、会议室等　**房价：** ฿4800起/晚

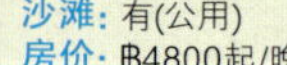

4大房型推荐：

房外设有太阳椅，共用泳池面积颇大，足够爱泳分子畅泳。

二楼浴室以水泥为主，设计简约，但卫生用品齐备，浴缸也可俯瞰泳池全景。

48a 两层独立屋 Srivijaya Duplex Pool Access Villa

酒店最基本的房型，设有10间，皆为两层高的独立屋，下层设有特大沙发床兼沙发，二楼则有主人睡房连窗台的沙发床，两层均有洗手间连淋浴设备，房门外便是数栋独立屋共用的泳池，十分方便。

主人床设于2楼，附有可爱的毛巾玩偶。

一楼的特大沙发也是沙发床，其实也足够2人睡觉。

资料

房价：฿5500起/晚

主人床有点像中国的传统婚房。

室外起居室充满传统泰国特色，还有音乐播放机，赏心悦目。

48b 泳池别墅海景房 Srivijaya Plunge Pool Villa

酒店最受欢迎的房型之一，设计融合泰国传统和爪哇风格，善用开放式空间。房间除设有按摩池外，还有室外的起居室，当中2楼房间视野更佳。

按摩池面积也不小，2至3人享受也可以。

资料

房价：
฿4800起/晚

房间编排由山至海递减。

主人房设计大致和其他房间一样。

室外起居室也设有洗手间，设计非常体贴。

个人卫生用品包装别具心思，可组成一幅图画。

泳池面积相当阔落，更是无边际泳池设计。

48c 海景无边际泳池 Pool Villa

房间位于海旁，设有特大海景无边际泳池可供畅泳，房内也有户外的浴缸，以及室外起居室。

资料

房价: ฿8500起/晚

室外起居室设有餐桌和按摩床。

房间正位于海滩旁，不喜爱泳池，可以直接走到海滩畅泳。

最高等级的房型，所使用的太阳椅也特别舒服。

48d 特大无边际泳池 Srivijaya Beachfront Pool Villa

酒店最高等级的房间，位于海滩旁的4间别墅设有特大无边际泳池，以及独立起居室和睡房，更有两个独立洗手间及室外特大沙发床，保证让您称心满意。

资料

房价: ฿12000起/晚

酒店卖点是附属餐厅旁的特大无边际泳池，环抱整个查汶海滩景色。

49 沙纶酒店 The Sarann

MAP P.25 F2

阁沙梅岛（苏梅岛）的酒店愈开愈多，2009年开业的The Sarann位于查汶南滩，距离热闹的查汶市区不远，既能够远离嘈杂，又能够享受宁静的环境。

沙滩水清沙细

酒店位处的查汶南滩，相比已经开发的查汶主滩更水清沙细，天气好时水质有如玻璃水，故畅泳之外，也是浮潜的好地方。

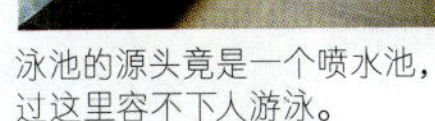

泳池的源头竟是一个喷水池，不过这里容不下人游泳。

通往房间的路上，两旁种满热带植物，配合本土味道。

大堂设计使用暖色系，感觉柔和。

酒店正门的瀑布石墙，颇有派头。

采访时遇着大风雨，但仍看得出查汶南滩拥有的玻璃水质。

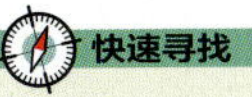

快速寻找

查汶海滩南部，由机场坐车前往约15分钟。

资料

地址： 95-96 Moo 3, Chaweng Noi Beach, Tambon Bophut, Amphoe Koh Samui, Suratthani
泰文地址： 95-96 หมู่ 3 หาดเฉวงน้อย ตำบลบ่อผุด อำเภอเกาะสมุย สุราษฎร์ธานี
电话： +66-77-414-600　**网址：** www.thesarann.com　**房间数目：** 49间　**SPA服务：** 有
沙滩： 有(公用)　**主要设施：** 餐厅、酒吧、游泳池、健身室、会议室及图书馆等
房价： ฿8500起/晚

4大房型推荐：

碗形的浴缸为酒店的特色之一，两个人泡在其中也足够。

别墅以木材为主建成，配合四周植物，别具自然气息。

房间设计整齐，还备有浴袍放在床上。

室外设有沙发床，不过其他设备就欠奉，有待改进。

49a 豪华房 Deluxe Room

13 间客房分布于两层别墅的上层，睡房外设有特大阳台连沙发床，浴室则有浴缸和淋浴设施，并附加一间私人按摩室，住客可在自己房间享受 SPA，十分方便。

资料

房价：฿8500起/晚

浴室设备齐全，并与室外的按摩池相连。

房间设计颇新颖，书台设在床头，前面则是起居空间。

资料

房价：฿10500起/晚

室外按摩池布置富有花园味道，相当少见，而按摩池的喷头极多，泡在其中更舒服。

按摩池前备有太阳椅让住客享受日光浴。

49b 室外按摩池 Jacuzzi Suite

房间皆设于别墅的下层，附设阳台和室外按摩池，还有浴缸和淋浴设施，活动空间非常广阔。

房内设有可活动的太阳椅，用起来非常惬意。

室外阳台和泳池全部不设栏栅，虽然景色优美，但必须注意安全。

海景泳池别墅 Sea Front Pool Villa

酒店中景观最佳的客房，全部位于海岸旁的悬崖上，尽览查汶海滩美景。每间房均设有7米×3米的无边际泳池、独立的起居室和室外阳台。对查汶区来说，这种房间配上超值价钱，实属罕见。

资料

房价：฿24500起/晚

睡床对面有超级无敌海景，不过拉起木质窗帘时很花气力。

室内浴室也可要求提供花瓣浴。

独立起居室打开门便是海景，并设有电视，何不关上冷气感受阵阵海风？

住客可向酒店要求提供花瓣浴，气氛更浪漫。

49d 按摩浴缸别墅 Jacuzzi Villa

共设11间的独立别墅，房间设计跟按摩套房相仿，房间独占全层，私人空间较广，更提供高尔夫球车接送服务，住客不用自己走到大堂或外出用餐。

资料

房价：฿12500起/晚

房间设计用了相当多木材，感觉简朴。

附设餐饮推荐：

泰式传统大虾沙拉，配上酸辣酱，十分美味。฿350

Surf & Turf，材料有进口牛排、新鲜大虾和自家制薯蓉，笔者最欣赏薯蓉够味道。฿650

49e 海滩旁各国美食 WildGinger

酒店自设的两层高餐厅兼酒吧，坐落于查汶南滩畔，分室内、室外两部分，提供各国美食，包括本地新鲜海鲜和地道泰菜。早上亦有供应随意照菜单点餐形式的早餐，住客也可要求在房内用膳，甚至安排烛光晚餐。

资料

营业时间：6:00~23:00

西餐的代表有蒸新鲜三文鱼排，配上牛油煮菠菜和马铃薯，味道浓郁。฿480

泰国地道蒸鱼，虽然卖相不太好看，但配上青柠汁，鲜味十足，叫人吃上瘾。฿420

餐厅下层甲板座位有限，最好还是先预约。

除了餐桌外，也设有太阳椅让住客享用鸡尾酒。

建议选择室外用餐，环境幽雅。

泳池的另一面设有瀑布，不过水较为深，不适合小朋友。

酒店泳池设计有如河流。

泳池旁边便是海滩，留意沙滩上埋了数尊非常可爱的小象雕塑。

50 达拉阁沙梅岛海滩度假及别墅水疗中心 Dara Samui Beach Resort & SPA Villa

MAP P.24 B2

酒店设计以泰北纳兰王朝皇宫的建筑风格为蓝本，配上紫色和金色调，给人迷幻的感觉。整间酒店呈长条形，从大堂往前走可直通查汶海滩。虽然酒店空间不算大，但设备齐全，是闹市住宿的好选择。

大堂使用大量藤制家具，配上酒店的色调，有点阿拉伯色彩。

泳池颇多美女！

快速寻找

机场附近，约5分钟车程。

资料

地址: 162/2 Moo 2, Chaweng Beach, Tambon Bophut, Amphoe Koh Samui, Suratthani

泰文地址: 162/2 หมู่ 2 หาดเฉวง ตำบลบ่อผุด อำเภอเกาะสมุย สุราษฎร์ธานี

电话: +66-77-231-323

网址: www.darasamui.com

房间数目: 67间

SPA服务: 有

沙滩: 有(公用)

主要设施: 餐厅、酒吧、游泳池等

房价: ฿7000起/晚

2大房型推荐：

主人床的设计有如国王的寝室，典雅浪漫。

客人如果来度蜜月，谨记预先通知酒店安排特别摆设。

睡房外的阳台设有小池塘，在这里阅读再好不过。

洗手盘旁边摆有香熏座，清香扑鼻。

50a 蜜月别墅 Dara Villa

独立别墅式设计，一共有4间，皆位于海边或池畔，私密度高的围墙内设有室内外淋浴间、浴缸、睡房以及池塘小阳台。房间设计很有王朝感觉，适合新婚蜜月夫妇。

浴室内设有浴缸，加添玫瑰花瓣便更浪漫。

室外特设淋浴间，可感受自然气息。

别墅环境相当隐密，不受外界打扰。

资料

房价： ฿9000起/晚

床头设有特大纳兰王朝壁画，从中能窥探王朝历史面貌。

50b 高级客房 Superior Room

共有57间，为酒店最基本的房型，房内设计沿用酒店纳兰王朝的主题，配备露台，睡房和浴室之间的门也能打开，浸浴时也能看到外面景色。

洗手间有两个洗手盆，可2人同时使用。

资料

房价： ฿7000起/晚

浴缸面积虽小，但感觉舒适，浸浴也颇自在。

室外露台设有木椅，但沙发床一般。

个人卫生用品齐备，包括洗发水、沐浴露和身体乳液。

附设餐饮、水疗推荐：

50c 自选海鲜档 Lanna Restaurant

正门位于查汶海滩大街上的餐厅，以供应海鲜为主，顾客要先到船形的海鲜档上选购，再交给餐厅大厨烹调，烹调方法可以自选！

资料

营业时间： 8:00~次日0:00

海鲜船上的选择众多，龙虾和生蚝也有供应。

晚上会有驻场歌手演唱，气氛不俗。

酒店的主泳池，吸引很多住客在这里享受日光浴，在马路的另一面也设有泳池。

51 阿玛丽棕榈礁度假酒店 Amari Palm Reef Resort

MAP P.25 B2

在泰国各大小城市均见踪影的 Amari 酒店集团，当然也不会缺席阁沙梅岛（苏梅岛）这度假天堂。酒店位于查汶海滩北边，距闹市不远，房价合理，客房数量多达 187 间，而且设施和装潢不俗，故吸引大量外地和泰国本地的旅行团入住，是阁沙梅岛（苏梅岛）上巴士总站以外最多旅游巴士停靠的地方。

快速寻找

机场附近，约5分钟车程。

资料

地址：14/3 Moo 2, Chaweng Beach, Tambon Bophut, Amphoe Koh Samui, Suratthani
泰文地址：14/3 หมู่ 2 หาดเฉวง ตำบลบ่อผุด อำเภอเกาะสมุย สุราษฎร์ธานี
电话：+66-77-422-015-18　网址：www.amari.com /palmreef
房间数目：187间　SPA服务：有　沙滩：有(公用)
主要设施：餐厅、酒吧、游泳池等　房价：฿3600起/晚

水塔设计配合酒店环境，登上塔顶能俯瞰整个查汶风光，可惜一般人禁止进入。

酒店大堂位于海边，房间则分布在海滩和花园两大区，中间有道路分隔。

酒店的餐厅和酒吧均设于海滩旁。

海滩旁泳池的小瀑布最受小朋友欢迎。

4大房型推荐:

*酒店房型大致分为4类，但有7种布局。

睡房设计摩登。

房内设有沙发床，躺在上面很容易睡着。

51a 豪华客房 Deluxe Room

数量最多的房型，共有109间，室外也备有露台或阳台，房内设有浴缸和淋浴设施，采用泰国当代风格设计，融合木材和植物等元素。

资料

房价: ฿4550起/晚

浴室置有淋浴间和浴缸，相当整洁。

住客可选择园景阳台或池景露台。

室外阳台虽然小，但也足够2人吃饭聊天了。

睡房的电视不大，但下设转盘补救。

房间以别墅形式设计，私人空间十足。

51b 两层家庭房 Deluxe Family Duplex

Deluxe的高级版，卖点是单位占两层，除了主人床外，亦设有两张小床供小孩使用，阁楼则是露台，可眺望园景和池景，适合一家大小。

房间楼底极高，即使4人入住也足够。

资料

房价: ฿5900起/晚

附设餐饮、水疗推荐：

个性另类的朋友，不妨坐到吧台叫调酒师特制个人化特饮。

酒吧设计风格很舒服，故每晚都很旺场。

51c 人气沙发吧 Bar @ C

位于池畔的酒吧，是阁沙梅岛（苏梅岛）上相当有名的酒吧之一，环境舒适，所有座位均为沙发，更设有私人空间十足的沙发床，绝对够写意。

酒吧设有沙发床，外国人特别喜欢光着上身躺在床上把酒言欢。

Strawberry Daiquiri，酒精度颇高，但全被士多啤梨甜味盖过。฿200

Bay Breeze，夕阳般的感觉，在日落时分享用就再好不过。฿200

资料

营业时间：8:00~次日1:00

绿咖喱配大虾和鸡，椰奶非常浓郁，叫人吃不停口，拌饭更是一绝。฿240

黑椒酱配炸牛肉，冷了肉质会变硬，要趁热吃。฿230

51d 坐拥查汶海滩景色 Meranté Seaside Dining

酒店的主餐厅，提供各国美食和地道泰菜，位于 Bar @ C 楼上，坐拥查汶海滩美景，餐厅的泰菜品质相当高，价钱更是超值，值得推荐。

资料

营业时间：6:30~23:30

餐厅外棕榈树影憧憧，充满热带风情。

只有室内的治疗室设有按摩池。

整个接待厅都被花草围绕。

51e 户外治疗室 Breeze SPA

水疗中心设于花园中，四周鸟语花香。环境清幽，装潢更带有古典气息，主打4间户外治疗室，隐密度高之余更可与自然环境打成一片。由于非常抢手，宜早点预订。使用的产品均由瑞士和法国进口，够高贵。

资料

营业时间: 6:30~23:00

室外淋浴间，设计令人留恋。

蒸汽室设计特别，抵不住高温可以开淋浴喷头降温。

户外水疗室是这里的卖点之一，要使用的朋友谨记早点预订。

室内水疗室装修较简单，毕竟室外才是卖点。

疗程开始前，顾客可先选择使用的材料。

酒店环境以泰南风情为特色，特别有热带味道。

52 阁沙梅岛城堡度假酒店 Muang Samui SPA Resort

MAP P.24 B2

酒店位于查汶海滩路的北端，采用泰南风情设计，种有大量植物，处处小桥流水，有如置身热带丛林。悠闲的一天，在酒店里慢慢欣赏富有泰南风情的小摆设和装饰，也相当写意。

快速寻找

机场附近，约5分钟车程。

资料

地址：13/1 Moo 2, Chaweng Beach, Tambon Bophut, Amphoe Koh Samui, Suratthani
泰文地址：13/1 หมู่ 2 หาดเฉวง ตำบลบ่อผุด อำเภอเกาะสมุย สุราษฎร์ธานี
电话：+66-77-429-700　网址：www.muangsamui.com
房间数目：53间　SPA服务：有　沙滩：有(公用)
主要设施：餐厅、酒吧、游泳池、健身室等　房价：฿4800起/晚

酒店连接查汶海滩北边，游人较少。

泳池设计有点像湖泊，畅泳其中感觉相当自在。

充满泰南传统特色的红砖墙，酒店内处处可见。

酒店的花园在查汶闹市中有如绿洲，充满自然味道。

2大房型推荐：

52a 园景小套房 Junior Suite Garden View

共有38间，每间房均设有阳台、沙发床，可3人同时入住。窗外处处植物，有如置身丛林之中。

房内部分用品以自然材料制成，配合外面的环境和室内植物，让住客彻底融入自然中。

房间露台面对无敌海景。

资料

房价：฿5750起/晚

房间景致优美，三面都有落地大玻璃。

资料

房价：฿9900起/晚

52b 露台按摩池 Royal Suite Garden View

卖点是露台设有按摩池和室外淋浴设施，还有内置两张沙发床的特大凉亭，可作休憩之用。

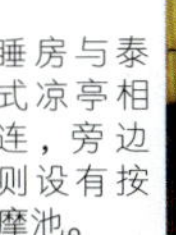

睡房与泰式凉亭相连，旁边则设有按摩池。

附设水疗推荐：

52c 室外治疗室 Raira SPA

酒店附设的水疗中心环境特别，特设室外治疗室，让顾客能够与自然融为一体。提供多种疗程，主打的Muang Samui套餐包括泰式香草蒸汽浴、水力按摩及自选按摩。

治疗室面向大海，疗程进行中还可听到海浪声。

资料

营业时间：10:00~21:00

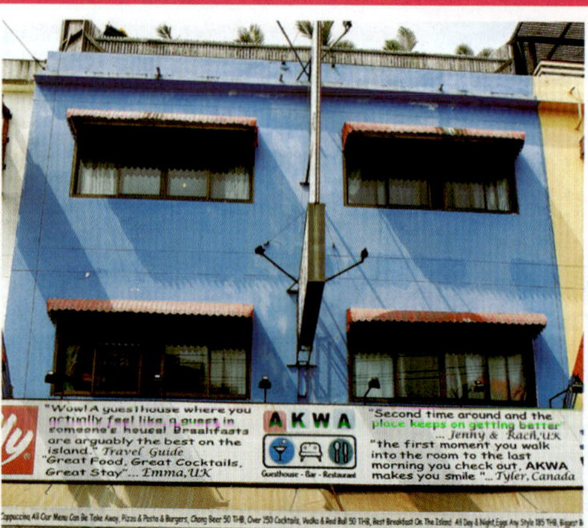

旅馆正门看似平凡，入内才发现内有乾坤。

酒店室内设计很有Pop Art普普艺术味道！

53 阿克瓦宾馆 Awak Guesthouse

MAP P.25 D3

在查汶海滩大街上，必会看到一间色彩鲜艳的旅店，整间旅店均以 Pop Art 艺术为主题，挂满美式动漫画作，色彩丰富，看得人也开心。旅馆在国际上相当有名，曾被纽约 Fodors 的《泰国旅游指南》评为泰国第五大酒店。难得客房价钱十分便宜，置身其中，笔者只有一句："太便宜了吧？" 房间数量有限，谨记尽早预订。

一楼通往二楼的楼梯色彩丰富，令人对上面的环境更有期望。

下层设有西餐厅，并设有免费无线上网服务。

餐厅附设酒吧，或许因为老板Timothy也是阁沙梅岛（苏梅岛）上的酒吧常客。

酒店四处都挂有鲜艳的卡通画作。

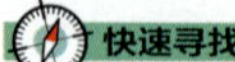

快速寻找

查汶海滩中部，由机场坐车前往约20分钟。

资料

地址：28/12 Moo 3, South Chaweng Beach Rd., Amphur Koh Samui, Suratthani
泰文地址：28/12 หมู่ 3 ถนนหาดเฉวงใต้ อำเภอเกาะสมุย สุราษฎร์ธานี
电话：+66-84-66-00-551
网址：www.awakguesthouse.com
房间数目：22间
SPA服务：无
沙滩：无
主要设施：餐厅、酒吧等
房价：฿950起/晚

2大房型推荐:

*酒店共设3种房间，最基本的Standard Room要从大门走约3分钟。

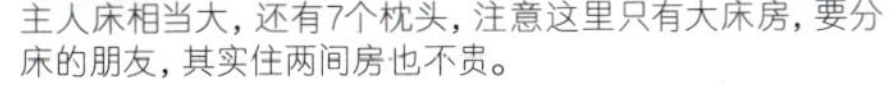
主人床相当大，还有7个枕头，注意这里只有大床房，要分床的朋友，其实住两间房也不贵。

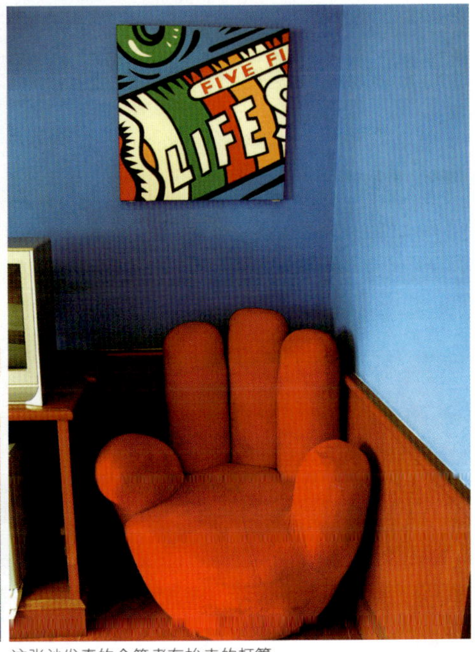

这张沙发真的令笔者有抬走的打算。

53a 豪华客房 Deluxe Room

位于一楼及二楼，老板特别强调若是沙滩狂热分子只需 45 秒便能从房间跑到查汶海滩，房间提供免费无线上网，电视、MP3 播放器全都齐备，也有整洁的私人淋浴间，超级舒适。

找不到上网的密码，原来谜底就在牌后。

电视、冰箱和衣柜等设施齐备，有家的感觉。

资料

房价: ฿1250起/晚

专家指点：预约SPA要提前到

预约了SPA，应该提前至少15分钟到达水疗中心，确保有足够时间更衣，以及品尝中心提供的花茶。部分水疗中心设有公共桑拿或蒸汽房，早到可免费享用。相反，迟到除了会缩短疗程时间外，也不能放松心情。

如要取消预约疗程，应尽量于3小时前通知水疗中心，切忌失约，以免影响国人形象。

不要以为旅店价钱超值就没有个人卫生用品。

房间设计超可爱，主人床上有11个枕头，玩枕头战也可以。

53b 特大露台 Penthouse

只有一间的房型，设施齐备，浴室设有浴缸，外面设有特大露台，除了日光浴外，用餐的地方也绰绰有余。房间还设有特大喇叭及LCD电视，就连玩具和毛绒玩偶均齐备，非常惬意！

资料

房价：฿1950起/晚

露台外就是查汶的大街。

浴缸在旅馆通常是奢侈品，这里还有蜡烛相伴。

房间角落还有沙发，设有书架，让住客可以计划行程。

小柜内放满玩具和棋，绝不怕闷。

两张特长太阳椅，让你在室外可以尽享日光浴。

沙滩旁的泳池把成人和儿童游泳区分开，非常安全。

54 查汶思丽晶海度假村 Chaweng Regent Beach Resort

MAP P.24 B2

酒店位于查汶海滩北段，附近饭店和商店林立，屹立19年，不断翻新，故仍受很多游客欢迎。酒店中央有如丛林，更设有多间Bungalow，让住客体验10多年的旧阁沙梅岛（苏梅岛），另设有两间餐厅，夜晚的气氛相当不俗。

扇形的芭蕉树刚好成为天然窗帘，遮蔽浴室。

酒店环境有如丛林，即使不拉上窗帘，私密度也很高。

酒店设有3个泳池，其中这个泳池设计颇长，最适合畅泳。

资料

地址：155/4 Chaweng Beach, Tambon Bo Phut, Amphur Koh Samui, Suratthani
泰文地址：155/4 หาดเฉวง ตำบลบ่อผุด อำเภอเกาะสมุย สุราษฎร์ธานี
电话：+66-77-230-391-400
网址：www.chawengregent.com
房间数目：140间
SPA服务：有
沙滩：有(公用)
主要设施：餐厅、酒吧、商店、会议室、游泳池、健身室等
房价：฿4500起/晚

每位住客在入住时能享受1杯冰冻凉茶。

海边也设有儿童游泳池和按摩池，迎合不同住客需要。

4大房型推荐：

54a 小木屋设计 Superior Bungalow

房间均是Bungalow小屋设计，用木搭成，设施也算齐备，富有传统阁沙梅岛（苏梅岛）特色。

房间设计多以自然材料制造。

资料

房价：฿4500起/晚

54b 豪华客房 Deluxe Room

房间位于一楼池畔，住客可选择两张单人床或1张双人大床，浴室也设有浴缸，室外也设有小阳台可供休憩。

部分房更设有园景，躺在沙发床上欣赏，十分赏心悦目。

资料

房价：฿5000起/晚

54c 高级客房 Premier Room

浴室设有特大按摩池，配合天然光线，最适合情侣。

为新装修的房型，备有特大的圆形按摩池，睡房也连接小阳台，可供住客享受日光浴。

房间环境相当典雅，给人舒服的感觉。

资料

房价：฿6000起/晚

54d 皇家套房 Royal Suite

等级最高的客房，房间设有特大浴缸和室外露台，足够2人日光浴。

浴室和睡房可以打通，坐拥园景。

资料

房价：฿11000起/晚

附设餐饮、水疗推荐：

水疗中心入口有如在丛林之中。

54e 享受水疗 Escape SPA

酒店附设的水疗中心，共有10间治疗室，部分房间天花板采用玻璃设计，让自然光线穿透，客人能够欣赏蓝天美景。提供推油、水疗、泰式按摩等服务，面部护理更使用英国进口品牌Elemis。

特大浴缸令人称心满意。

资料

营业时间：10:00~21:00　电话：+66-77-422-008-10-538

推荐疗程：Fusion ฿2200/90分钟

沙滩上的餐桌布置一点也不马虎，台布和洋烛齐备。

54f 浪漫海滩餐厅 Chomtalay Restaurant

位于海旁的餐厅，除提供自助早餐外，也供应泰式餐饮，餐厅晚上会在海滩摆设台椅，并置有白色灯笼和火把，非常浪漫。同时亦设有沙发床可供食客对着大海把酒谈心。

酒吧区设计火红，让人开怀畅饮。

资料

营业时间：6:30~22:30

沙拉吧是餐厅的卖点之一，相较岛上标准来说，食材算非常丰富。

酒吧区的酒瓶摆设尽显心思。

餐厅虽位于查汶大街旁，但植物墙令人远离烦嚣。

54g 自选沙拉吧 Red Snapper Bar & Grill

酒店最新力作，在查汶大街上开了这家装修新颖的餐厅，除提供不同款式的Fusion菜外，还有自选沙拉吧，每晚也有驻场乐队演唱。

资料

营业时间：17:00~次日1:00

豪华别墅位于海旁，均为隐密度高的独立小屋。

55 曼函安精品度假酒店 Baan Haad Ngam Boutique Resort & SPA

MAP P.24 A1

酒店位于查汶北部，酒店内小桥流水交错，树木茂密，3 种绿色外墙的客房分布丛林之中，完全融入自然环境。酒店并附设水疗中心，全部使用香草治疗，配备按摩池、蒸汽浴室等，不失为闹市住宿的选择。

资料

地址：154 Moo 2, Chaweng Beach, Tambon Bo Phut, Amphur Koh Samui, Suratthani
泰文地址：154 หมู่ 2 หาดเฉวง ตำบลบ่อผุด อำเภอเกาะสมุย สุราษฎร์ธานี
电话：+66-77-231-500-8
网址：www.baanhaadngam.com
房间数目：40间
SPA服务：有
沙滩：有(公用)
主要设施：餐厅、酒吧、游泳池等
房价：฿4750起/晚

高级房外的环境清幽，即使在房内也能听到流水声。

海畔设有Infinity Pool，可享受日光浴。

豪华别墅内也设有超舒服的沙发床，看书再好不过。

55a 海旁意大利菜 Olivio

虽然阁沙梅岛（苏梅岛）上有很多意大利菜餐厅，唯独这间享有无敌海景，泰式建筑下配搭浪漫摆设，使它备受阁沙梅岛（苏梅岛）上许多食评杂志推荐。大厨 Luigi Fadda 在亚洲区工作超过 25 年，经验丰富，善用食材的特点炮制色香味俱全的佳肴。

资料

营业时间：6:30~23:30

观赏价值极高的烟三文鱼番茄沙拉很特别，值得推荐。฿450

澳大利亚进口羊骨架配香草和薯蓉等配料，薯蓉焗过，口感更实在。฿820

餐厅环境迷人，把泰国特色融入高格调摆设中。

蒜蓉蛤蜊意粉，配上少量辣椒，非常可口。฿250

阁沙梅岛(苏梅岛) Koh Samui
阁沙梅岛(苏梅岛) Koh Samui
查汶 Chaweng
拉迈 Lamai
阁沙梅岛(苏梅岛)北部 Northern Samui
曾蒙海滩 Cheong Mon
阁沙梅岛(苏梅岛)南部 Southern Samui
纳通市 Nathon
阁帕岸岛(帕岸岛) Koh Pha Ngan
阁道岛(龟岛) Koh Tao

推荐行程

观光

美食

酒吧

时间：1天

早上可到Tamarind Springs感受水疗，中午品尝地道海南鸡饭或海鲜餐厅，之后参观亚公亚婆石，晚上可回到拉迈大街，到夜市晚餐和酒吧消遣。如想浪漫一点，建议到Samui Cliff Bar & Grill或是共和海滩酒吧用餐。

交通范例

❶  从阁沙梅岛（苏梅岛）国际机场乘双排车或出租车前往约25分钟，车费฿250~300。

❷  从查汶乘双排车或出租车前往约20分钟，车费约฿200。

阁沙梅岛（苏梅岛）第二大海滩

拉迈

拉迈海滩位于查汶南部，是阁沙梅岛（苏梅岛）上另一个餐厅酒吧和酒店林立的地区，热闹程度虽稍逊于查汶，但胜在能远离人群，海滩上的活动空间较多，各国游客在沙滩上也不分种族，大玩沙滩排球大战，一起畅饮。

不过，拉迈区的活动不限于饮、食和住，也有独特的自然风光和历史建筑，晚上的夜市和食街更令人留恋，来到阁沙梅岛（苏梅岛）度假，何不找一个更悠闲的海滩，好好享受一下人生？

拉迈
A
B
C
Haad Cha weng 1
4169
Samui Cliff View
Wat Lamai
Tesco Lotus
500M
N 北
W
E
S
01 HIDA FARM
02 Sabeinglae Restaurant
03 共和海滩酒吧
04 Tarua Samui Seafood
05 The SPA Resort
06 亚公亚婆石
07 悬崖酒吧及烧烤餐厅
08 Samui's A touch of paradise
09 Tamarind Springs
10 69 SLAM
11 拉迈美食街
12 Il Tempo
13 Lamai Night Market
14 阁沙梅岛亭阁精品度假酒店
15 阁沙梅岛费尼克水星度假酒店
16 阁沙梅岛悦榕庄酒店
17 阁沙梅岛艾美酒店
18 阁沙梅岛万丽度假酒店
19 卡拉度假酒店
阁沙梅岛(苏梅岛) Koh Samui
查汶 Chaweng
阁沙梅岛(苏梅岛) Koh Samui
拉迈 Lamai
阁沙梅岛(苏梅岛)北部 Northern Samui
曾蒙海滩 Cheong Mon
阁沙梅岛(苏梅岛)南部 Southern Samui
纳通市 Nathon
阁帕岸岛(帕岸岛) Koh Pha Ngan
阁道岛(龟岛) Koh Tao

老板非常亲切，虽不懂英语，但用手指指也可以下单。

正宗泰国海南鸡肉饭，配青瓜和鸡汤，鸡饭入味得令人一吃再吃。฿50

01 海南鸡肉饭小吃店 HIDA FARM

MAP P.98 A3

泰国海南鸡肉饭一直是游泰国必吃的地道菜式，去骨的鸡肉，配上味道浓郁的鸡油饭及清淡鸡汤，味道让人难忘。这间位于拉迈路旁的鸡饭档餐厅可算是岛上最有名的，一天能卖十多只鸡，口碑极佳，深受当地人欢迎。笔者也酷爱这里的鸡肉饭，采访期间多次光顾，保证令你一试上瘾。除了鸡肉饭外，这里的苦瓜汤也相当有名，但要小心烫嘴！

餐厅每日售完打烊，要买趁早。

餐厅没有招牌，唯有靠门面辨认。

餐厅也有卤水猪脚，熬制多时，非常入味。

环境是当地典型的小吃店感觉。

杂锦饭除了有油鸡外，还有烧鸭、咸蛋等烧味。฿50

快速寻找

Wat Lamai沿4169公路往查汶方向约步行5分钟。

资料

地址：144/24, Tambon Maret, Amphur Koh Samui, Suratthani
泰文地址：144/24 ตำบลมะเร็ต อำเภอเกาะสมุย สุราษฎร์ธานี
电话：+66-898-624-031
营业时间：约9:00~17:00
休息：无休息日

阁沙梅岛(苏梅岛) Koh Samui
查汶 Chaweng
阁沙梅岛(苏梅岛) Koh Samui
拉迈 Lamai
阁沙梅岛(苏梅岛)北部 Northern Samui
曾蒙海滩 Cheong Mon
阁沙梅岛(苏梅岛)南部 Southern Samui
纳通市 Nathon
阁帕岸岛(帕岸岛) Koh Pha Ngan
阁道岛(龟岛) Koh Tao

鱿鱼炒咸蛋，搭配颇为新鲜。

泰式蒸仓鱼，当中的泰式配菜味道相当开胃。100克฿80

本地新鲜炸大虾配酸角，味道酸辣，十分美味。100克฿90

02 泰国前总理赞赏 Sabeinglae Restaurant

MAP P.98 A4

这间位于拉迈南部的地道餐厅，并非以高级进口食物作招牌，只提供地道泰菜和海鲜，却深得泰国前任总理阿披实的赞赏。餐厅以地道泰国凉亭作设计，布置简朴，旁边还有椰林树影的小沙滩，大可选择在室外用餐，价格更是超值，故吸引很多泰国家庭来捧场。

快速寻找

亚公亚婆石入口往南步行约5分钟。

资料

地址： 438/82 Moo 1, Tambon Maret, Amphur Koh Samui, Suratthani
泰文地址： 438/82 หมู่ 1 ตำบลมะเร็ต อำเภอเกาะสมุย สุราษฎร์ธานี
电话： +66-77-233-082
营业时间： 10:00~22:00　**休息：** 无休息日
网址： www.sabeinglae.9nha.com

餐厅连着海滩，小孩子也懂得到海滩上浪漫一番。

冬阴功不一定是红色，清汤冬阴功味道一样火热。฿150

老板和泰国前总理阿披实(右)的合照。

餐厅的设计以海边亭子为主。

认准这个门口就找对入口了。

餐厅室外部分连接海滩，也有树荫，感觉非常舒服。

烟熏金枪鱼及各种沙拉混合成的冷盘，味道特别。

Beach Republic特选Big Burger，两个人吃也绰绰有余。

若喜欢睡觉的朋友，这里还有沙发床。

03 共和海滩酒吧 Beach Republic

MAP P.98 B3

酒吧兼餐厅设于拉迈以北的海边，位于酒店之内，但也开放给外来食客。餐厅风格集合泰国传统和新派设计，装潢颇有风格，设有私家泳池和海滩，并有淋浴设施和特大沙发床，大可在这里边吃边休闲。

餐厅除了提供Fusion菜之外，还有不同种类的鸡尾酒可供选择，每星期均有主题派对，适合喜爱夜店的人士。

快速寻找

4169公路近IT Complex处转入约3分钟车程。

餐厅的天花设计糅合泰国的传统SALA和新派设计。

资料

地址：176/34 Moo 4, Tambon Maret, Amphur Koh Samui, Suratthani

泰文地址：176/34 หมู่ 4 ตำบลมะเร็ต อำเภอเกาะสมุย สุราษฎร์ธานี

电话：+66-77-458-100　营业时间：10:30~22:30

休息：无休息日　网址：**www.beachrepublic.com**

设有吧台，提供各种口味的鸡尾酒。

Beach Republic设有大泳池和很多日光浴设备，怎么享受日光浴都可以。

池畔还有很多沙发床兜，顶盖可以拉合。

前往Beach Republic有清晰的指示牌，很容易找。

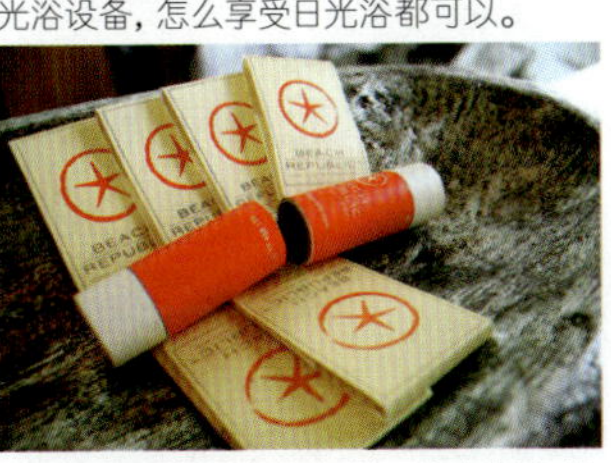

所有产品均是自家包装，具有纪念价值，都是免费任取。

相连的海滩人迹稀少，可独享私人泳滩。

日落时分用餐感觉更佳。

超美味的咖喱炒螃蟹，咖喱味道浓而带甜，拌饭最佳。100克฿120

用泰式香料调制的煲仔海虹，新鲜肥美，值得一试。฿120

04 崖上的海鲜餐厅 Tarua Samui Seafood

MAP P.98 B2

餐厅位于查汶至拉迈公路中段的山上，分为 3 层，当中 2 楼设计有如伸延至海上的平台，尽览一望无际的浩瀚海景。餐厅的海鲜均是鲜活的，客人可到鱼缸旁直接挑选，较岛上其他餐厅将海鲜都放在冰上冷藏更新鲜。每晚更有驻场乐队演唱，可以边吃边看。

快速寻找

The Kala酒店附近。

资料

地址：210/9 Moo 4, Tambon Maret, Amphur Koh Samui, Suratthani
泰文地址：210/9 หมู่ 4 ตำบลมะเร็ต อำเภอเกาะสมุย สุราษฎร์ธานี
电话：+66-77-960-635　营业时间：11:00~23:00
休息：无休息日

特大的大虾炒饭，大虾分量极多，绝无欺诈。฿180

天色明朗时更能眺望查汶景色。

所有海鲜均是活的。

在岛上吃了那么多的海产品，吃一碟蔬菜就再好不过。

2楼的海上平台设有舞台供乐队演奏。

餐厅外设有大型招牌和停车场，很容易看到。

The SPA Resort设有多间池畔bangalow，让客人留宿。

希腊沙拉，上面铺满羊奶芝士。฿122

05 健康主题酒店 The SPA Resort

MAP P.98 B3

标榜是阁沙梅岛（苏梅岛）最健康的水疗酒店，除提供泰式按摩和推拿等疗程外，最特别的是一系列瘦身课程和洗肠服务，驻场医生还会替客人量身设计生活时间表和餐单，针对身体毛病逐一根治。

健康餐厅

治疗之外，还附设以健康为主题的餐厅 The Radiance Restaurant，所有食物均以健康蔬菜烹调，对治疗和预防疾病均有帮助，虽然味道一般，但是深得爱健康一族的欢心。

Brown Rice Salad，配上多种营养价值高的豆类和蔬菜，有助清洗体内毒素。฿95

快速寻找

Family Mart对面。

内设按摩亭子，让顾客能够真正享受按摩。

资料

地址：Moo 4, Tambon Maret, Amphur Koh Samui, Suratthani
泰文地址：หมู่ 4 ตำบลมะเร็ต อำเภอเกาะสมุย สุราษฎร์ธานี
电话：+66-77-230-855　营业时间：6:30~22:30　休息：无休息日
网址：**www.theSPAresorts.net/samui**　房价：฿950起/晚

自助洗肠的房间。

越式春卷，米卷包着生绿叶，吃时蘸酸辣酱汁。฿55

笔者认为最美味又健康的食物"SPA"Zut-Zut汤，由各种蔬菜汁搅拌而成。฿50

水果拼盘，帮助肠胃消化，分量十足。฿50

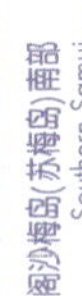

貌似男性器官的亚公石，很多游人喜欢在对岸做出可爱姿态拍照。

貌似女性器官的亚婆石，要在潮退时才能找到。

06 阁沙梅岛（苏梅岛）地标

亚公亚婆石 (Hin Ta & Hin Yai)

MAP P.98 A4

位于拉迈海滩南面的亚公亚婆石，一直是阁沙梅岛（苏梅岛）上的著名地标，在乱石群中恰好有两块相连的大石，貌似男性和女性的性器官。根据当地民间传说，很久以前有两公婆帮儿子撑船去接载新娘子，却遇上大风浪，结果他们的身体就融入自然，成为今日的景象。

通往亚公亚婆石的小街上有很多摊档，部分售卖新鲜即制的椰子糖，全阁沙梅岛（苏梅岛）只有这里独有，特别香甜美味。不过新鲜椰子糖由于没有添加任何防腐剂，食用期有限，带回家有点难度。

两石中间的小沙滩旁，有间小餐厅可供休憩。

入口处设有英文和泰文的指示牌，介绍这里的历史。

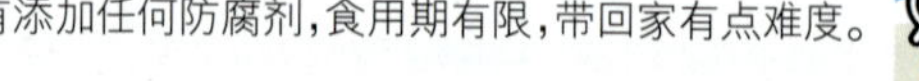

快速寻找

Family Mart旁见牌坊直入。

资料

地址： Hin Ta & Hin Yai, Tambon Maret, Amphur Koh Samui, Suratthani

泰文地址： หินตาและหินยาย ตำบลมะเร็ต อำเภอเกาะสมุย สุราษฎร์ธานี

开放时间： 24小时

看到这个牌子，前面就是亚公亚婆石。

通往亚公亚婆石的小街两旁设满纪念品摊档。

新鲜制造的椰子糖，颜色比普通的深，味道较浓。

07 悬崖酒吧及烧烤餐厅 The Cliff Bar & Grill

MAP P.98 B2

餐厅位于接近拉迈的4169路旁的岬角上，主打欧陆菜式，包括以地中海为主的海鲜烧烤及葡萄牙、西班牙及意大利料理。驰名菜式包括地中海沙拉和保留15世纪葡萄牙传统菜式的Piri Piri鸡等。也设有恒温酒窖，提供世界进口佳酿。

餐厅著名的菜式包括特大海鲜拼盘，让人食指大动。

餐厅也设有室内的部分，并设有酒吧。

餐厅下是层层大石的山崖，颇有气势。

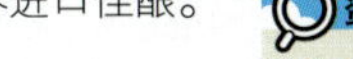
快速寻找

Samui Cliff View酒店往拉迈方向约3分钟车程。

资料

地址：124/2 Moo 4, Tambon Maret, Amphur Koh Samui, Suratthani

泰文地址：124/2 หมู่ 4 ตำบลมะเร็ต อำเภอเกาะสมุย สุราษฎร์ธานี

电话：+66-77-448-508　营业时间：12:00~次日2:00

休息：无休息日　网址：www.thecliffsamui.com

面积不大，但货品繁多。

08 阁沙梅岛特产椰子护肤品 Samui's A touch of paradise

MAP P.98 A1

开业不久的礼品专门店，专售带浓厚阁沙梅岛（苏梅岛）风情的椰子制护肤产品，全是在岛上制造，除了椰子润肤露、洗头和护发产品外，还有人气的金箔产品，所有产品均有中文和英文介绍，非常体贴。

快速寻找

亚公、亚婆石旁。

资料

地址：39/26 Moo 4, Tambon Maret, Amphur Koh Samui, Suratthani

泰文地址：39/26 หมู่ 4 ตำบลมะเร็ต อำเภอเกาะสมุย สุราษฎร์ธานี

电话：+66-77-230-068　营业时间：8:00~19:00

休息：无休息日　网址：www.kohsamuis.com

可爱的大象蜡烛连座，可作为礼品购买。฿650

店内热卖的椰子润肤露，油性不强。฿195

金箔乳液，有助排出身体毒素，贵气之选。฿1200

在群石之间的休息站，顾客可以在这里享用特饮。

来往中心需穿越乱石间的小路，风味十足。

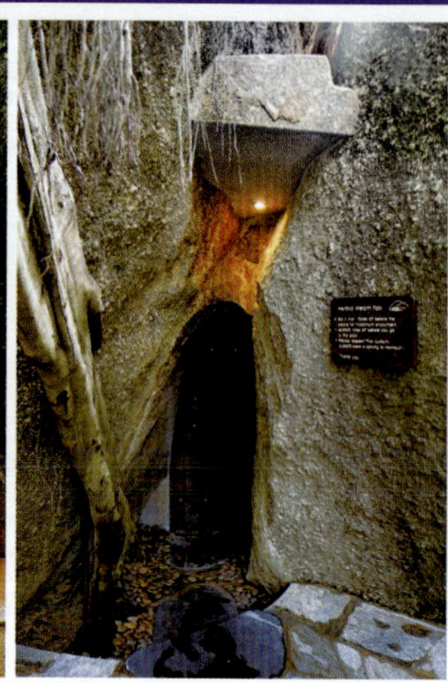
蒸汽室位于两面大石中间，极具特色。

09 大石之间享受水疗 Tamarind Springs

MAP P.98 B2

阁沙梅岛（苏梅岛）最著名的水疗中心，环境设计更是贴近自然，所有治疗室、蒸汽室和水池均完全融入原有环境中，藏于大石之间。按摩的亭子更全部用竹搭建，设计开放且环境宽敞，置身于大树之间，身心更放松。

水疗中心内绝对清静，附设按摩学院，让喜欢按摩的游客也能学会一两招回家，按摩疗程收费 ฿4500/2 小时起。

所有按摩亭子均位于山上的竹棚内，充满自然气息。

快速寻找

4169公路往拉迈方向，过了IT Complex后的Family Mart右转上山。

资料

地址：205/7, Thong Takian, Tambon Maret, Amphur Koh Samui, Suratthani
泰文地址：205/7 ท้องตะเคียน ตำบลมะเร็ต อำเภอเกาะสมุย สุราษฎร์ธานี
电话：+66-77-424-436　　开放时间：11:00~20:00
休息：无休息日　　网址：**www.tamarindsprings.com**

让顾客降温的水池也位于石旁，恍如丛林中的湖泊。

接待处旁设有纪念品店，可购买治疗用的产品。

花茶之外，还有自家制的健康曲奇待客。

亭子内的环境，二人同时享受也可以。

看到大石右转沿小路进，便是丛林中的Tamarind Springs。

商店内种类繁多，且价钱不贵。

不同尺寸的价钱均一样，绝对公平。

10 澳洲品牌泳衣店 69 SLAM

MAP P.98 A3

来自澳洲的品牌，专售 X-Game 风格的内衣裤和冲浪服装，在世界各地超过 30 多个国家设有分店，而泰国首家分店正设于水上活动天堂的阁沙梅岛（苏梅岛）拉迈，水上活动爱好者必去扫货之地。

快速寻找

拉迈大街麦当劳向Pavilion酒店方向走约3分钟。

资料

地址：Lamai Beach Road, Tambon Maret, Amphur Koh Samui, Suratthani

泰文地址：ถนนหาดละไม ตำบลมะเร็ต อำเภอเกาะสมุย สุราษฎร์ธานี

休息：无休息日

网址：**www.69slam.com**

除了内衣以外，这里也有不少沙滩装，可以即买即穿。

美食街设有雅座，人气很旺，往往要等很久才可入座。

夜市旁设有多家酒吧。

汤粉小吃摊，所有汤粉均只需฿40。

11 拉迈美食街 Lamai Food Street

MAP P.98 A3

阁沙梅岛（苏梅岛）东部唯一的食街，款式种类比纳通市场更丰富，人流也非常多。各食档提供各式泰国地道小食，包括火候到位的炒金边粉、妈妈面、各式烤肉串烧、海南鸡饭等，旁边更设有卖酒专柜，品尝美味小食之余也可顺便喝一口。

快速寻找

麦当劳对面。

资料

地址：Lamai Beach Road, Tambon Maret, Amphur Koh Samui, Suratthani

泰文地址：ถนนหาดละไม ตำบลมะเร็ต อำเภอเกาะสมุย สุราษฎร์ธานี

电话：没有提供　营业时间：黄昏至凌晨

休息：无休息日

所有炒饭面均即叫即炒，比泰国很多夜市更美味。

人气最旺的串烧和油炸小吃摊。

炒金边粉，火候到位。฿45

12 拉迈老牌意大利菜 Il Tempo

MAP P.98 A3

1990 年开业至今，是阁沙梅岛（苏梅岛）上历史最悠久的意大利餐厅之一，也是拉迈闹市中最具品质的意大利菜。除了意大利菜外，餐厅也提供部分泰国菜式，兼顾不同食客的需要。

资料

地址：124/88 Moo 3, Tambon Maret, Amphur Koh Samui, Suratthani
泰文地址：124/88 หมู่ 3 ตำบลมะเร็ต อำเภอเกาะสมุย สุราษฎร์ธานี
电话：+66-77-232-307
营业时间：11:00~23:30
休息：无休息日

餐厅位于拉迈大街上，开阔宽敞。

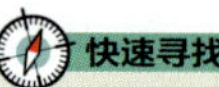

快速寻找

麦当劳旁。

餐厅内的设计风格也融入了泰国的地道元素。

夜市只有一个街口长，此为入口。

13 阁沙梅岛（苏梅岛）唯一夜市 Lamai Night Market

MAP P.98 A3

位于拉迈大街上的夜市，以售卖纪念品为主，规模不大，但是岛上唯一的夜市，晚上逛逛也无妨。

这里也有各式画像和首饰售卖。

阁沙梅岛（苏梅岛）上各处均能见到的番枧花，不过这里款式比较多。

快速寻找

麦当劳沿单程路方向走约3分钟。

资料

地址：Lamai Beach Road, Tambon Maret, Amphur Koh Samui, Suratthani
泰文地址：ถนนหาดละไม ตำบลมะเร็ต อำเภอเกาะสมุย สุราษฎร์ธานี
电话：没有提供　营业时间：约黄昏后
休息：无休息日　网址：没有提供

专家指点：椰子汁勿乱饮

阁沙梅岛（苏梅岛）是椰子之乡，椰子在岛上可说是随手可得，甚至在地上也可能拾到，可是椰子却分为多个品种，主要分绿色和黄色两种，虽然黄色椰子味道较甜，可是回族人习惯在人死后用来清洗尸体，所以当地人绝不会乱喝。至于我们常喝到的椰子汁，名叫茉莉香椰，只在阁沙梅岛（苏梅岛）的山上才可以找到，要喝椰子汁还是到椰子摊位较好。

黄色椰子勿乱喝。

主泳池设有按摩设施，供住客使用。

14 阁沙梅岛亭阁精品度假酒店 Pavilion Samui Boutique Resort

MAP P.98 A3

位于阁沙梅岛（苏梅岛）第二大海滩——拉迈的精品酒店，虽然面积不大，但处处体现品质，设计尽见心思。酒店环境使用了橙、红和绿等鲜艳颜色，恍如置身于热带宫廷中，赏心悦目。四种房型各有特色，不论价格，都令人向往。

酒店的小砖墙有点泰北纳兰王朝的感觉。

快速寻找

拉迈海滩，由机场坐车前往约25分钟。

资料

地址： 124/24 Moo 3, Lamai Beach, Tambon Maret, Amphur Koh Samui, Suratthani
泰文地址： 124/24 หมู่ 3 หาดละไม ตำบลมะเร็ต อำเภอเกาะสมุย สุราษฎร์ธานี
电话： +66-77-424-030 **网址：** www.pavilionsamui.com
房间数目： 70间 **SPA服务：** 有 **沙滩：** 有(公用)
主要设施： 餐厅、酒吧、商店、图书馆、会议室、游泳池、健身室等
房价： ฿10000起/晚

蓝天白云下，备感热带气息。

酒店大堂虽不算豪华，但味道却与众不同。

从海上回望酒店，俨如一个私人天堂。

4大房型推荐:

室外的全景浴缸，不过通常亚洲人喜欢放下窗帘。

洗手间设施齐全，化妆棉、电吹风、化妆镜等俱备。

14a 全景浴缸 Deluxe Jacuzze Room

共有 28 间，全位于酒店大楼的二楼。面积不大，但设备俱全，包括室外的全景浴缸和沙发床，住客也可选择双人床或两张单人床。

资料

房价：฿10000起/晚

虽然电视屏幕不大，但有众多电视台选择，亦有iPod播放器。

笔者试过按摩池，发现水力强劲，池水险些涌入房间。

房间内设有浴缸，跟睡房没有遮掩，适合情侣。

睡房旁设有小型起居室。

14b 露天按摩池 Plung Pool Suite

设于下层的水疗室有 20 间，卖点是房间外的露天按摩池，相对其他酒店房间的水力更强劲。房内也设有浴缸和淋浴间，更有衣帽间方便住客摆放行李。

资料

房价：฿12000起/晚

橙黑相间的花瓶配上翠绿的植物，衬托浅蓝色的池水，摩登优雅。

房内配备LCD大电视，躺在床上也可享用卫星电视的不同频道。

14c 水疗池别墅 Hydro Pool Villa

共有 18 间独立屋，每间均设有独立水力按摩泳池，专门为新婚蜜月夫妇设计，池畔也设有沙发床让客人享受日光浴。

资料

房价：฿18000起/晚

不论房型均设有iPod播放器，iPhone也能使用，可惜不能充电。

睡房的蜜月摆设，敬请在预订时通知酒店。

泳池面积相当大，天气炎热，浸在水里透心凉。

主人床十分舒适，笔者早上也不愿起床。床头设备齐全，晚上不用下床便能关上所有电灯。

在灯光柔和的环境下享用按摩池，特别舒畅。

房间外的花园设有藤吊椅，承重试验超过200磅的胖子也没有问题。

14d 豪华泳池别墅 Grand Pool Villa

属价格最贵的房型，只有4间，但相当受欢迎，其中 1 号房间的花园坐拥超级无敌大海景，每间房都内设 3 米 ×5 米的特大泳池，不用到主泳池也可畅泳，房内也设有淋浴间和按摩池。

资料

房价：฿28000起/晚

附设餐饮、设施和水疗推荐：

日落时分，又是另一种感觉，非常雅致。

14e 海旁餐厅 The Patio

酒店的主餐厅，供应自助早餐、以意大利及泰菜为主的午餐和晚餐，坐落海旁，并定期有现场表演。

餐厅座椅舒适，在这里乘着海风吃自助早餐，花上一两个小时也很舒适。

资料

营业时间：6:30~22:30

鸡胸墨汁面配茄汁，吃过也不会“黑口黑脸”，可放心吃。฿270

绿咖喱配鸡肉，用椰奶和柠檬草调制而成，非常可口，推荐！฿180

热朱古力酥配香草雪糕，一冷一热两种口感。฿200

14f 最适合日光浴 The Scenic Corner

位于沙滩旁的酒吧，提供各地佳酿、鸡尾酒等，最适合享受日光浴的朋友。

资料

营业时间：11:00~23:00

顾客可选择坐在室外的沙发，或是室外的太阳椅上享受饮品。

位于泳池一侧水疗中心的正门，里面设计流水处处，赏心悦目。

14g 无阻隔水疗室 SPAvilion

酒店附设的水疗中心，结合东西方疗法，强调身心平衡。共有 6 间治疗室，可同时打通让 3 名顾客一起享受，也设有按摩池、蒸汽室等设施。

可打通的治疗室，配合镜子的效果，形成无尽的空间感。

水疗中心也设有泰式按摩区。

资料

营业时间：10:00~22:00

15 阁沙梅岛费尼克水星度假酒店 Mercure Samui Fenix

MAP P.98 A4

位于拉迈海滩，原址前身为阁沙梅岛（苏梅岛）公园，2009 年年中转手为 Mercure 品牌，并进行过大翻修。酒店共有 52 间客房和 8 间别墅。酒店泳池位于海滩旁，旁边设有池畔酒吧。另外，附设的 Nest 餐厅以黑、白和灰色为主色调，加上网状纹的装饰，装修设计时尚；食客更可从露台观赏无敌海景。

The Nest餐厅提供国际菜式。

别墅共有8间，房价฿5610起。

普通高级房间都设有平面电视和无线局域网设备。

前往方法

Lamai Beach附近，由机场坐车20分钟，经过亚公亚婆石后再前行约3分钟到达。

资料

地址：26/1 Moo 3, Tambon Mae Nam, Koh Samui, Suratthani
泰文地址：26/1 หมู่ 3 ตำบลแม่น้ำ อำเภอเกาะสมุย สุราษฎร์ธานี
电话：+66-77-424-008　房间数目：60　SPA服务：无　沙滩：有(公用)
主要设施：餐厅、酒吧、泳池、健身室、会议室　房价：฿4250起/晚
网址：www.mercuresamuitenix.com

酒店的别墅都是独立式，户户前临无敌海景，气氛一流。

16 阁沙梅岛悦榕庄酒店 Banyan Tree Koh Samui

MAP P.98 B2

Banyan Tree 是世界知名的度假酒店集团，在全球管理逾 20 间酒店及度假村。Banyan Tree Koh Samui 于 2010 年年中开幕，是集团在泰国的最新物业，坐落在距拉迈不远的半岛的面海小山丘之上，整个度假村共有 78 间独立式别墅，所有别墅都附有私家泳池，面积最小的那种房型也有 130 平方米，而且全都背山面海依山势而建，别墅与别墅之间也有一定距离，位处较高位置的别墅更可以拥有几乎零打扰的私密性，非常适合追求遗世感觉的旅客入住。Banyan Tree 向来以服务佳见称，阁沙梅岛（苏梅岛）的这间当然也是一样，另外也不能错过他们闻名的水疗按摩。

度假村是围绕一个"U"形小港湾而建，中央部分就是餐厅、水疗等设施，左右两侧就是别墅。

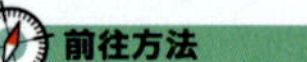

前往方法

度假村提供免费查汶及拉迈接送服务，车程约10分钟；距机场车程约30分钟。

资料

地址：99/9 Moo 4, Maret, Samui, Surat Thani 84310
泰文地址：99/9 Moo 4, เกาะสมุย 84310, ไทย
电话：+66-77-915-333　房价：฿20000起/晚
网址：www.banyantree.com/en/samui

房型的选择也十分多元化，而且面积广阔，房间设计极具热带风情，度假气氛浓郁。

房间面积极广，全部别墅都是套房式设计。

度假村内有多间人气餐厅，同样坐拥超宽敞无敌海景。

来到Banyan Tree不试一下这里有名的水疗就等于没来过！

每晚都会在大庭举行亮灯及放孔明灯活动，气氛动人浪漫。

17 阁沙梅岛艾美酒店 Le Meridien Samui

MAP B3

2011年12月开幕的Le Meridien Samui，是阁沙梅岛（苏梅岛）上最新的度假村之一，前身是Gurich Samui，Le Meridien接手后将度假村里里外外全面加建和装修一新，更将不少风水以及亚洲的元素融入设计之中，包括了中庭那新建的大型聚财风水池。

度假村共拥有77间客房及别墅，房型选择十分丰富，套房面积由45平方米起，而别墅则由105平方米起，另外还有两间观景餐厅及水疗中心等相关设施。度假村就在Banyan tree Samui附近，距热闹的拉迈及查汶也不远，乘出租车前往数分钟至十多分钟便可到，消闲娱乐也方便。

前往方法

度假村距离机场车程约30分钟。

资料

地址：146/24 Moo 4, Lamai Beach, Maret, Koh Samui Surat Thani, 84310

泰文地址：146/24 หมู่ 4, หาดละไม, มะเร็ต, ละไม, เกาะสมุย สุราษฎร์ ธานี, ไทย

电话：+66-77-960-888 房价：฿15999起/晚

网址：www.lemeridienkohsamui.com

别墅附设的泳池很大，当中只此一间的海滨度假酒店的泳池更有无阻隔全海景。

度假村以套房占大多数，独立式的别墅选择较少，所有别墅皆附设私人泳池。

楼高两层的餐厅“Latest Recipe”在泳池旁边，更可眺望海景。

大堂的设计将中国特色融入传统泰式风情之中，在阁沙梅岛（苏梅岛）很少见。

中庭的水池是度假村的象征，这里也是住客们联谊交流的好地方。

海滩旁也有一个泳池。

18 阁沙梅岛万丽度假酒店 Renaissance Koh Samui Resort & SPA

MAP P.98 B3

位于拉迈北部的 Laem Nai 半岛，这间属于 Marriot 酒店集团，前身是 Buriraya Resort 的精品酒店，拥有阁沙梅岛（苏梅岛）少有的异国情怀。酒店以热带园林作为设计主调，处处漆了橘红色的油漆，让人感受到它的热情和动感。酒店的客房分布在两大区，分别是山坡上的大楼和海滩旁的别墅区，满足不同顾客的需要。

快速寻找

拉迈海滩，由机场前往约25分钟车程。

资料

地址： 208/1 Moo 4, Laem Nan Beach, Lamai, T. Maret, Koh Samui, Suratthani
泰文地址： 208/1 หมู่ 4 หาดแหลมหนานละไม ตำบลมะเร็ต อำเภอเกาะสมุย สุราษฎร์ธานี
电话： +66-77-429-300　**网址：** www.renaissancekohsamui.com
房间数目： 78间　**SPA服务：** 有　**沙滩：** 有(酒店私家)
主要设施： 餐厅、酒吧、阅读室、游泳池、健身室、精品店等
房价： ฿4560起/晚

泳池中央种有一棵老树，特别!

酒店处处可见充满巴厘岛风情的装饰。

笔者最爱，在接待处有多种免费朱古力任取!

酒店共分为两区，左侧为大楼区，右侧为别墅区。

大堂十分华丽，正中还设有水池和雕像。

通往泳池的路，设计取自巴厘岛的树林。

2大房型推荐：

一楼的豪华房，房间可直通Leelawadee Lap泳池。

房间感觉柔和，睡床可选择一张双人床或两张单人床。

18a 豪华房 Deluxe Room

房间设于大楼区较低楼层，分园景和海景两种，共有43间，每间均设有室外按摩池、阳台连沙发床，如果同时入住两间房还可互相打通。

资料

房价：฿4560起/晚

若不嫌空间小，室外的阳台也可晒太阳。

室外露台的按摩池，私密度颇高。

大楼上全为豪华房，一楼的房间更设有小花园。

设有按摩功能的小泳池，不过要游泳就要走远一点。

18b 大型花园连泳池 1 Bedroom Villa

位于海滩旁的 1 Bedroom Villa，每间均设有大型花园连小泳池，室内更有大型起居室、睡房、衣帽间和浴室。房间非常开阔，园内栽种了大量绿色植物，配上红色地砖，热带风情十足。

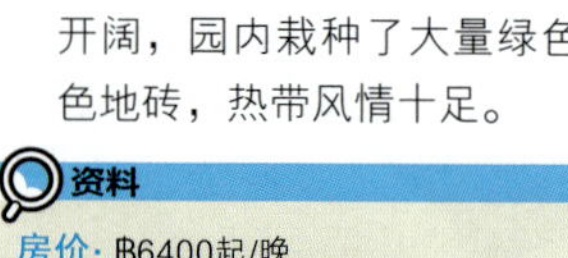

资料

房价：฿6400起/晚

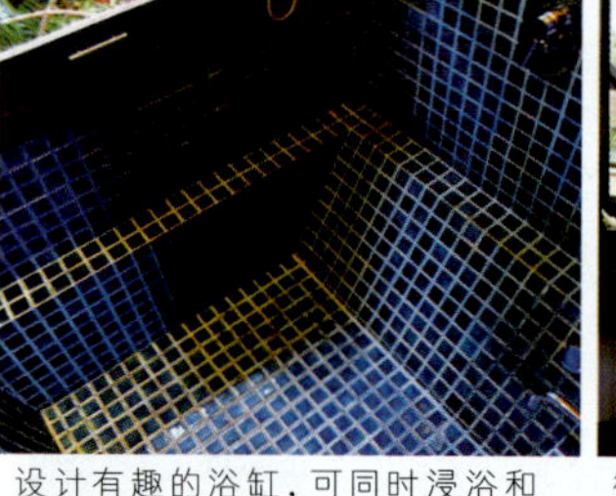

设计有趣的浴缸，可同时浸浴和淋浴。

行李架的设计相当特别。

个人卫生用品齐全，住客不用担心。

主人床相当软绵绵，叫人不愿意起床。

起居室的沙发很舒服，酒店每天也会送上新鲜水果让住客享用。

起居室的电视架十分有特色，但电视机就差强人意。

花园面积颇大，略嫌空旷了一点。

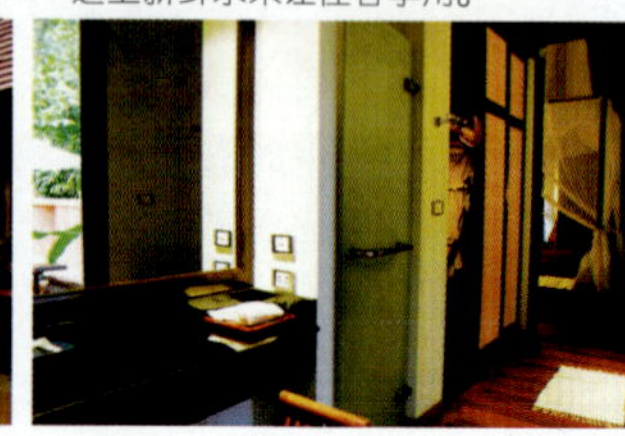

衣帽间也设有梳妆台，最适合爱打扮的女士。

附设餐饮、设施和水疗推荐：

18c 阁楼赏海景 Banana Leaf

餐厅全日提供东西方美食的午餐、晚餐以及自助早餐，登上阁楼可俯瞰整个海景和巴厘岛式庭园。

资料

营业时间：6:30~23:00

18d 浪漫天台餐厅 tawa NN

位于天台的露天餐厅，强调浪漫气氛，走高档路线，情侣在日落时分到这里用餐就再好不过。

资料

营业时间：18:30~23:00
休息：周三

18e 清纯的巴厘岛式风情 Quan SPA

充满巴厘岛式风情的水疗中心，走进内部便会发现它的气派不凡，拥有大理石按摩池、无数别致的巴厘岛式色彩石像，环境舒适。中心使用“泉”为名称，就是要贯彻清纯的概念，让客人能享受最健康的疗法。

充满巴厘岛式风情的建筑风格。

治疗室外种满芭蕉树，很有热带风味。

疗程开始和结束前，均会响起风铃提醒客人。

资料

营业时间：10:00~22:00
电话：+66-77-429-300

大理石按摩池是主池，让客人在疗程中享用。

主池旁边还有一个大理石副池。

酒店正中设有特大无边际泳池，由于酒店位于悬崖，故格外有气势。

19 卡拉度假酒店 The Kala

MAP P.98 B2

位于查汶到拉迈路上的山崖上，2008 年年底开业，即被泰国旅游局杂志评为“年度 30 间最有泰国感觉的酒店”，酒店概念源自阁沙梅岛（苏梅岛）特产的椰子，无论是装潢、摆设、用品甚至酒店标记，全都与椰子扯上关系，借此让住客真正感受阁沙梅岛（苏梅岛）。

Kala体验

酒店相当注重服务，主张“The Kala Experience”，提供的个人化服务，配合不同客人需要和要求，让客人像住在朋友家中般亲切。

快速寻找

拉迈海滩北部，由机场坐车前往约20分钟。

资料

地址： 210/8 Moo 4, Tambon Maret, Amphoe Koh Samui, Suratthani
泰文地址： 210/8 หมู่ 4 ตำบลมะเร็ต อำเภอเกาะสมุย สุราษฎร์ธานี
电话： +66-77-422-671
网址： www.thekalasamui.com
房间数目： 38间　**SPA服务：** 有　**沙滩：** 有(只有石滩)
主要设施： 餐厅、酒吧、游泳池等
房价： ฿6800起/晚

欢迎饮料也用椰壳盛载，果然处处椰子。

正门上的灯，也用椰壳制成。

酒店只设有石滩，畅泳比较危险，但水质有如玻璃水，浸浸水看看热带鱼也无妨。

每间房的房门钥匙均系上一只采椰猴的毛绒玩具，笔者也想带走。

3大房型推荐：

主人床很宽很舒适，绝对会令人忘掉吃早餐，幸好这里有个性化服务，无论几点起床也不用担心。

小小的角落经过布置，也可以很舒服，有心思。

连肥皂也是椰壳形状，果然贯彻主题。

19a 豪华房 Deluxe Room

位于酒店的主大楼，共有 30 间，每间均独享海景露台，浴室和睡房能够打通，浸在浴缸中也能看到浩翰大海。房内也设有起居角，打开玻璃窗即能感受海风。

看着大海泡花瓣浴，即使海风有点凉也不介意。

资料

房价： ฿6800起/晚

从这个角度可看到泳池面积也不小。

房间下层设有泳池和休憩间，住客可在这里享用泰式按摩。

19b 半露天无边际泳池 Pool Villa

共设有 7 间，每间面积都不一样，别墅分为两层，下层设有室外休憩间和半露天无边际泳池。二楼则是睡房、浴室和备有海景浴缸的露台。

房间吊顶极高，摆设充满了泰南风味。

浴缸的设计有点奇怪，三面是墙，感觉有点局促。

资料

房价： ฿16100起/晚

二楼木板露台上设置长椅和巨型浴缸，位置居高临下。

露台的巨型浴缸，日落时分浸浴，景色分外迷人。

下层客房设于池畔，位置比主人房更吸引人。

19c 总统套房 Presidential Suite

只此一间的总统套房在崖上依山而建，共有两层，建造时尽量保留原有树木和大石。上层是主人睡房连露台，置有室外浴缸。下层则是无边际泳池及第二间睡房，一家大小入住也不成问题。

资料

房价：฿20900起/晚

超酷的无边际泳池，恰好树位于前方，有如承载池水。

室外也设置淋浴间和按摩床，住客可在自家房内享用水疗。

浴室内仍然保留原有的大石。

主人房以传统泰式亭子设计，比较简朴原始。

两层高的总统套房独立屋就建在崖上。

附设餐饮、水疗推荐：

餐厅如建在海上的平台，独享醉人美景。

19d 浪漫海上平台 26th Degree & Rabbit Bar

位于酒店大堂的下层，恍如海上的平台，晚上会燃起烛光，还可眺望整个查汶海滩的夜景。餐厅以提供 Fusion 菜为主，菜式卖相美如艺术品。餐厅下层则是酒吧，装修时尚。

酒吧外的发光云石球有如火球一般，相当迷人。

资料

营业时间：6:00~23:00

烧新鲜龙虾，配上青柠汁相当开胃。฿380

鸡肉花生碎沙拉，口感有多种层次。฿220

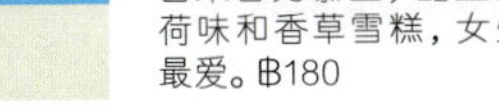

白朱古力慕丝，配上薄荷味和香草雪糕，女生最爱。฿180

连食物餐饮所用的冰块也由人手现刨，绝对细心。

放在海旁的浴缸，让顾客享受最自然的环境。

在海旁与丛林之间设有多个泰式亭子，让客人能对着大海享用按摩。

若嫌亭子还不够近距离接触大海，可选择海上平台，浪花也随时溅上来。

中心接待处置有中式百子柜，里面放了泰国草药。

19e 对着大海浸浴 Agarin SPA

酒店自设的水疗中心，疗程可选择在中心或自己房间内进行，而泰式按摩则在海旁的独立亭子进行。跟酒店格调一样，中心以椰子为主题，主打的The Kala Paradise就是以椰子为主要材料，让顾客真正感受阁沙梅岛（苏梅岛）的气息。

室内治疗室也设有神灯形的浴缸。

资料

营业时间： 10:00~21:00

水疗中心设于酒店其中一栋大楼的地下，路也颇难找，可先致电工作人员带路。

室内的亭子，顾客可任意选择再布置，悉随尊便。

品味之都

阁沙梅岛（苏梅岛）北部

阁沙梅岛（苏梅岛）北部泛指波菩、湄南和邦波尔一带，相比查汶和拉迈更宁静，给人另一种阁沙梅岛（苏梅岛）感觉。

位于波菩区内的 Fisherman's Village 更是必游点，宁静的街道上，两旁开满特色商店和各国饭店，价钱低廉而格调高，坐在海边更可享受阵阵海风，倾听柔和的浪涛声，实属品位之选。

推荐行程

观光

美食

水疗按摩

时间：半天

宜中午时分到达，先到Go Kart场玩乐或者享受水疗，晚上则可到Fisherman's Village享受浪漫的烛光晚餐，餐后再到码头酒吧吹着海风饮酒谈天。

交通范例

1.  从阁沙梅岛（苏梅岛）国际机场乘双排车或出租车前往约10分钟，车费约฿150。
2.  从查汶乘两排车或出租车前往约10分钟，车费约฿150。

专家指点：Fisherman's Village所在？

其实在阁沙梅岛（苏梅岛）地图上并没有一个地方称作Fisherman's Village，但波菩码头的居民却在入口处竖立起牌坊，统称整条海边街道为Fisherman's Village，区内饭店集中。而且逢周五晚更是行人专区，街道两旁有不少小吃摊，非常热闹。

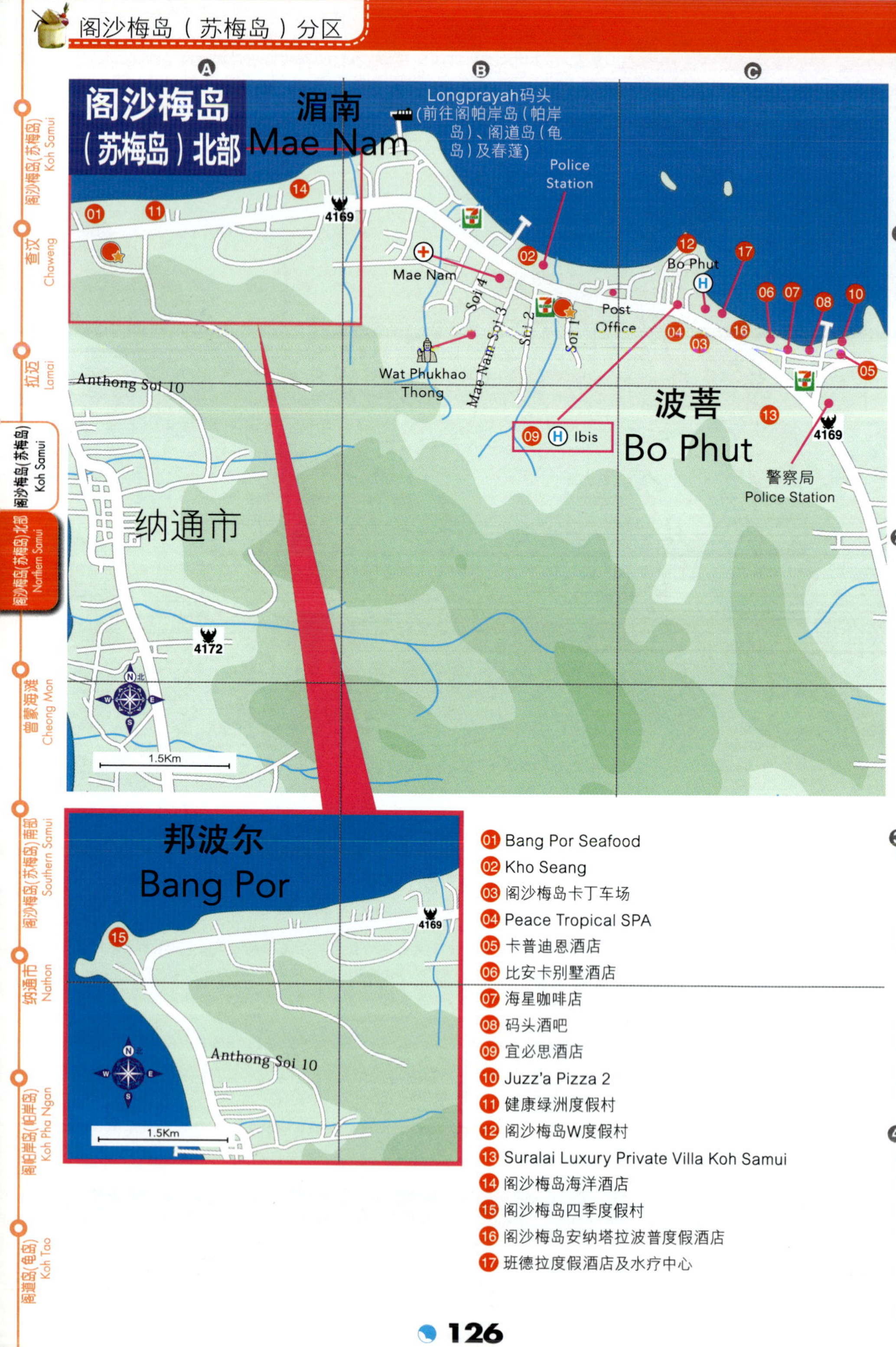
阁沙梅岛
（苏梅岛）北部
湄南
Mae Nam
Longprayah码头
（前往阁帕岸岛（帕岸岛）、阁道岛（龟岛）及春蓬）
Police Station
4169
Mae Nam
Soi 4
Mae Nam Soi 3
Soi 2
Soi 1
Post Office
Bo Phut
Wat Phukhao Thong
Anthong Soi 10
09 Ibis
波菩
Bo Phut
警察局
Police Station
纳通市
4172
1.5Km
邦波尔
Bang Por
Anthong Soi 10
01 Bang Por Seafood
02 Kho Seang
03 阁沙梅岛卡丁车场
04 Peace Tropical SPA
05 卡普迪恩酒店
06 比安卡别墅酒店
07 海星咖啡店
08 码头酒吧
09 宜必思酒店
10 Juzz'a Pizza 2
11 健康绿洲度假村
12 阁沙梅岛W度假村
13 Suralai Luxury Private Villa Koh Samui
14 阁沙梅岛海洋酒店
15 阁沙梅岛四季度假村
16 阁沙梅岛安纳塔拉波普度假酒店
17 班德拉度假酒店及水疗中心
阁沙梅岛(苏梅岛) Koh Samui
查汶 Chaweng
拉迈 Lamai
阁沙梅岛(苏梅岛) Koh Samui
阁沙梅岛(苏梅岛)北部 Northern Samui
曾蒙海滩 Cheong Mon
阁沙梅岛(苏梅岛)南部 Southern Samui
纳通市 Nathon
阁帕岸岛(帕岸岛) Koh Pha Ngan
阁道岛(龟岛) Koh Tao

海鲜餐厅入口虽然有点简陋，但内部环境也不俗。

非常美味的泰式炒蚬，货真价实只只有肉。฿80

01 本地人最爱 Bang Por Seafood

MAP P.126 A1

翻遍当地旅游指南都找不到这家海鲜餐厅，但只要问当地人，均异口同声推荐这家位于邦波尔区，邻近四季酒店的海鲜餐厅。来到餐厅门口，即见到停在门口的长长车龙，心知这回绝对没来错。贵为当地人的最爱，餐厅当然提供最地道的泰菜，有些更是外面吃不到的菜式，主打的海鲜也非常新鲜，且种类繁多。

开餐前，店员会送上传统泰南小食，把虾酱放在椰壳上烤，再用豆角挑来吃，非常特别。

泰式生蚝，由于这里邻近纳通码头，肥美生蚝更为新鲜，味道带些海水咸味。฿40/只

凉拌海胆海带属于冷盘，海胆味浓新鲜，配爽口的海带很特别。฿100

泰国南部小炒，感觉有一点酸。฿70

虽然餐厅位于阁沙梅岛（苏梅岛）西北部，可惜看不到日落景致。

餐厅门口较难认，但晚上门外停满车子一定能找到。

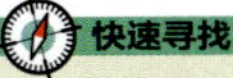

快速寻找

靠近四季酒店、Family Mart对面。

资料

地址：56/4 Moo 6, Tambon Mae Nam, Amphur Koh Samui, Suratthani
泰文地址：56/4 หมู่ 6 ตำบลแม่น้ำ อำเภอเกาะสมุย สุราษฎร์ธานี
电话：+66-77-420-010 营业时间：10:00~22:00 休息：无休息日

虾酱炒臭豆(Sator)，泰国特色菜，臭豆有洁净肠胃、肾的功效，超健康,推荐必食。฿150

黑椒蒜蓉炸大虾，非常松脆，连壳都可以吃掉。฿800/公斤

02 名人饭堂 Kho Seang

MAP P.126 B1

餐厅名字意思是海南人的餐厅，原来阁沙梅岛（苏梅岛）上居民很多均是百多年前从海南岛来的移民后代。餐厅在泰国亦享有盛名，乃阁沙梅岛（苏梅岛）上不少政府官员和酒店老板的聚会集中地，虽然价格比岛上地道餐厅稍贵，但以泰式为主的海鲜品质相当高，而且盘盘分量十足。

采访当晚也巧遇岛上某大型度假酒店老板在用餐，不愧为名人饭堂。

清蒸螃蟹肉，蟹肉早已挑出，分量十足。฿400

餐厅正门，绿色外墙很容易找。

很多当地饮食杂志均有大篇幅介绍这间餐厅。

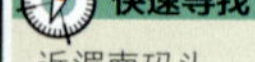

快速寻找

近湄南码头。

资料

地址: 95 Moo 1, Tambon Mae Nam, Amphur Koh Samui, Suratthani

泰文地址: 95 หมู่ 1 ตำบลแม่น้ำอำเภอเกาะสมุย สุราษฎร์ธานี

电话: +66-77-425-365

营业时间: 10:00~22:00

休息: 无休息日

卡丁车的速度最高可达每小时100公里，相当刺激。

小型赛车场的起跑线和终点线。

大多数参赛车在弯道也不减速，追求"飘移"感觉。

03 阁沙梅岛卡丁车场 Go Kart Samui

MAP P.126 C1

阁沙梅岛（苏梅岛）上唯一的小型赛车场，设有多个赛道和车型选择，由最基本的每小时40公里至100公里车型都有，由于岛上道路系统尚未完善，行车速度有限，所以赛车场深受欧美游客欢迎，吸引飙车族。

玩得累时，这里也有小卖部提供小吃和饮品。

赛车场的正门漆有赛车的格子旗标记，很容易找。

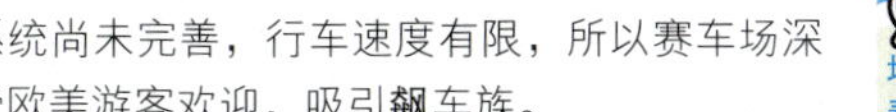

快速寻找

Anantara酒店对面。

资料

地址：101/2 Moo 1, Tambon Bo Phut, Amphur Koh Samui, Suratthani
泰文地址：101/2 หมู่ 1 ตำบลบ่อผุด อำเภอเกาะสมุย สุราษฎร์ธานี
电话：+66-77-425-097　营业时间：9:00~21:00
休息：无休息日
收费：40 km/h ฿600/10分钟
75 km/h ฿700/10分钟
100 km/h ฿800/10分钟

水疗中心的正门，有如丛林中的亭子。

04 亚洲热带庭园 Peace Tropical SPA

MAP P.126 C1

以亚洲热带园林为主题，8间独立治疗室分布于山上的丛林中，私密度颇高，可同时容纳16人进行治疗。为配合主题，疗程特别运用很多本地水果为材料，如椰子、芦荟等，收费由฿2600起(2.5小时)。

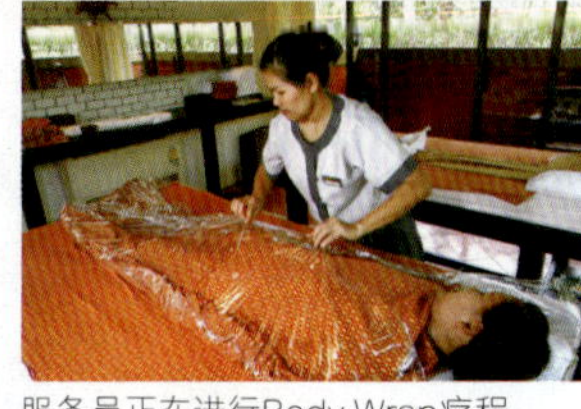

服务员正在进行Body Wrap疗程。

资料

地址：17 Moo 1, Tambon Bo Phut, Amphur Koh Samui, Suratthani
泰文地址：17 หมู่ 1 ตำบลบ่อผุด อำเภอเกาะสมุย สุราษฎร์ธานี
电话：+66-77-430-199-200　网址：www.peacetropicalSPA.com　休息：无休息日
网址：没有提供　营业时间：10:00~22:00　推荐疗程：Oasis of Love ฿5500/270分钟

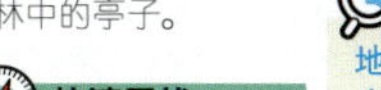

快速寻找

波菩酒店对面。

前菜推荐Ravioli of Prawns with Tomato and Brazil Dressing，卖相叫人不舍得吃。฿210

羊排配忌廉芝士薯蓉汁，全为进口材料。฿390

05 卡普迪恩酒店 Carpe Diem Hotel

MAP P.126 C1

在 Fisherman's Village，路人很容易被这家酒店兼餐厅吸引。酒店外形酷似韩剧场景，房间设计可爱，配上迷人颜色，房价更是超值，韩国杂志也曾到酒店采访。即使不入住，附设的餐厅也值得一试，菜式全部使用外国进口肉类，设开放式厨房，食客可绝对放心。

酒店的正门在街上相当出众。

快速寻找

Fisherman's Village牌坊小街右转步行约3分钟。

资料

地址：3 Moo 1, Tambon Bo Phut, Amphur Koh Samui, Suratthani
泰文地址：3 หมู่ 1 ตำบลบ่อผุด อำเภอเกาะสมุย สุราษฎร์ธาน
电话：+66-77-427-195　休息：无休息日
网址：**www.hotelcarpediemsamui.com**
餐厅营业时间：7:30~22:30
房价：฿2500起/晚

房间设计非常可爱，以浅绿色为主，感觉也颇柔和。

房外设有私人迷你泳池，配上可爱装饰。

06 比安卡别墅酒店 Villa Bianca

MAP P.126 C1

阁沙梅岛（苏梅岛）上意大利餐厅多不胜数，但这间位于Fisherman's Village的却是芸芸之中格调最浪漫的，纯白色设计，以白玫瑰作衬托，简单配上藤椅，如置身萨丁尼亚的海旁，望着碧海蓝天享受地道意菜。

餐厅是附近建筑物群中，唯一的白色小屋，非常雅致。

白色玫瑰，此刻比红玫瑰更浪漫。

纯白摆设浪漫得不得了，女生一定喜欢。

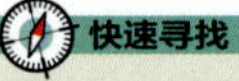

快速寻找

Fisherman's Village牌坊小街左转步行约3分钟。

资料

地址：79/3 Moo 1, Tambon Bo Phut, Amphur Koh Samui, Suratthani
泰文地址：79/3 หมู่ 1 ตำบลบ่อผุด อำเภอเกาะสมุย สุราษฎร์ธา
电话：+66-77-245-041　营业时间：18:00~22:00
休息：无休息日

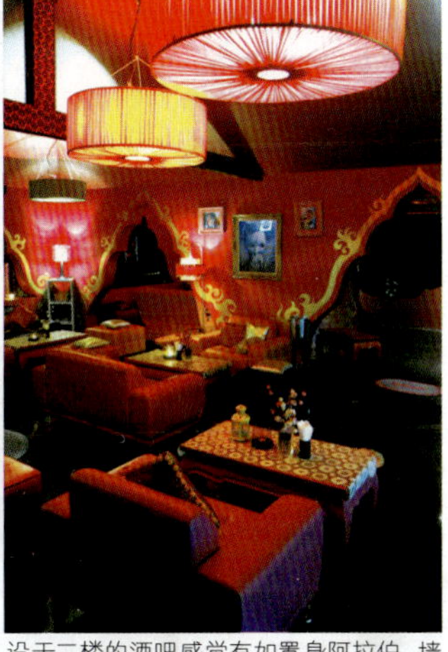

蒸鲷鱼配炸蒜头和黑椒，绝无腥味。฿420

招牌大虾红咖喱，咖喱味浓，拌白饭最正。฿560

设于二楼的酒吧感觉有如置身阿拉伯，墙上搞怪地挂上Blythe玩偶的相片。

07 海星咖啡店 Starfish Coffee

MAP P.126 C1

Fisherman's Village 内的餐厅，每家都有其独特个性，这间开业 10 多年的泰菜馆则以火红色为主题，配衬金色花边拱门框点缀，又是另一种浪漫。餐厅外设有海旁雅座，食客可眺望对岸阁帕岸岛（帕岸岛）风光，二楼则设有酒窖和富有阿拉伯风格的酒吧，配上可爱又恶搞的摆设和画像，别具风格。

餐厅外设有海鲜档，顾客可即点即称，再决定烹调方法。

快速寻找

Fisherman's Village牌坊小街左转步行约2分钟。

资料

地址：51/7 Moo 1, Tambon Bo Phut, Amphur Koh Samui, Suratthani

泰文地址：51/7 หมู่ 1 ตำบลบ่อผุด อำเภอเกาะสมุย สุราษฎร์ธานี　电话：+66-77-427-201

营业时间：11:00~23:00　休息：无休息日

08 海景码头酒吧 码头酒吧

MAP P.126 C1

位于波菩码头旁，坐拥无敌海景，共有两层，吊顶特高。酒吧可算是阁沙梅岛（苏梅岛）最具人气的酒吧，客人可以坐在海旁沙发，抱着特大揽枕，足以休闲一日，这里的浪漫海景也吸引很多情侣光顾。

吧台酒柜颜色会定时转换，很有特色。

Pussy Foot，酒内的果汁均是新鲜现榨，入口清甜。฿80

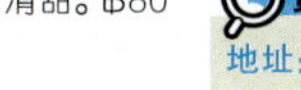

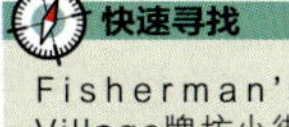

快速寻找

Fisherman's Village牌坊小街直走至码头处。

坐在海旁的沙发跟知己谈天，时间过得特别快。

资料

地址：50 Moo 1, Tambon Bo Phut, Amphur Koh Samui, Suratthani

泰文地址：50 หมู่ 1 ตำบลบ่อผุด อำเภอเกาะสมุย สุราษฎร์ธานี

电话：+66-77-430-681-2

营业时间：11:00~22:30　休息：无休息日

网址：**www.thepier-samui.com**

酒店亦设有泳池和泳池吧。

大堂设计虽然简洁，亦有点时尚感觉。

09 宜必思酒店 Ibis Hotel

MAP P.126 C1

属于国际连锁酒店集团，专营经济型酒店，2008 年 10 月才开业。房价便宜之余，客房也相当整洁，亦尽见心思。酒店位于波菩和湄南两区中间，前往查汶区也不过 15 分钟车程，外出十分方便。附设有泳池和迷你高尔夫球场，设施齐备。住客更可 24 小时登记入住，最适合夜机抵达的旅客。

中亭设有迷你高尔夫球场，环境不错。

酒店正门，外面更设有特大停车场。

酒店环境相当清静，与其他经济型酒店的烦嚣大不同。

资料

地址：197 Moo 1, Tambon Bo Phut, Amphur Koh Samui, Suratthani
泰文地址：197 หมู่ 1 ตำบลบ่อผุด อำเภอเกาะสมุย สุราษฎร์ธาน
电话：+66-77-245-777 网址：**www.ibishotel.com/samui-bophut**
房间数目：209间 SPA服务：无 沙滩：有(公用)
主要设施：餐厅、酒吧、商店、游泳池等 房价：฿1200起/晚

泳池畔有淋浴设备，十分方便。

2大房型推荐：

一家四口入住也不成问题。

房内的小阳台也可以让人休憩一下。

家庭房 Family Room

适合一家大小入住的房型，房间设有1张主人床和1张双层床，房内放有多种玩具，还有PS 2连电视，住客可选择超过二十种的游戏，无论小男孩还是小女孩都玩得欢乐。

双层床上还有一只特大的小熊毛绒玩具，小孩子一定喜欢。

除了PS 2之外，还有很多洋娃娃。

房价：฿1800起/晚

房间面积虽小，但设备齐全。

标准间 Standard Room

酒店最基本的客房，住客可选择两张单人床或1张双人床，内设淋浴设备，也有小阳台和太阳椅。

房内也有特大LCD电视。

房价：฿1200起/晚

附设餐饮推荐：

餐厅内的环境颇明亮。

299铢5道菜 It's all about Taste

秉承经济型酒店的宗旨，破天荒推出฿299/5道菜，包括小菜和炒饭面，保证吃得饱。另外，酒店的早餐时间从凌晨4时直至正午，并定时更换菜式，即使要起早出门一日游的住客也可以吃饱再出发。

室外的泳池吧也有鸡尾酒提供，这杯是Fruit Punch。

资料

营业时间：4:00~22:30

Juzz Special's Pizza，口味略带辣，饼底十分香脆。฿320

10 平价比萨 Juzz'a Pizza 2

MAP P.126 C1

这间位于 Fisherman's Village 的比萨小店，虽然没跟岛上其他意大利餐厅一样走高尚格调，却相当大众化，而且货真价实，Pizza 的品质有过之而无不及，餐厅一样拥有海景露台，在当地口碑极佳。

忌廉磨菇意粉，分量虽偏小，但吃多便觉得腻。฿290

海旁设有雅座，一样可乘着海风享受。

餐厅正门放有很多花盆，很容易辨认。

快速寻找

海旁设有雅座，一样可乘着海风享受。

资料

地址：6/3 Moo 1, Tambon Bo Phut, Amphur Koh Samui, Suratthani
泰文地址：6/3 หมู่ 1 ตำบลบ่อผุด อำเภอเกาะสมุย สุราษฎร์ธานี
电话：+66-77-245-662-3　网址：**www.juzzapizza.com**
营业时间：12:00~24:00(厨房至22:00)　休息：周一

11 健康绿洲度假村 Health Oasis Resort

MAP P.126 A1

阁沙梅岛（苏梅岛）上另一间专为客人量身定做排毒、瘦身等疗程的酒店，设有长达一个月的疗程，通过运动、瑜伽、节食、禁食以及有节奏的健康生活，让身体恢复健康。酒店设有多种疗程套餐，针对不同的身体毛病对症制订方案，也设有多种住宅选择，深受外国人欢迎。

酒店设有多种房型选择，图为3 Bedroom House。房价฿4500起/晚

酒店也设有泳池，让住客保持健康生活。

快速寻找

过了Bang Por Seafood大约3分钟车程后左转。

资料

地址：26/4 Moo 6, Tambon Bo Phut, Amphur Koh Samui, Suratthani
泰文地址：26/4 หมู่ 6 ตำบลบ่อผุด อำเภอเกาะสมุย สุราษฎร์ธานี
电话：+66-77-420-124
房价：฿800起/晚
网址：**www.healthoasisresort.com**

度假村的代表作就是这设计奇特的户外酒吧区，绝对是非一般的阁沙梅岛（苏梅岛）度假风情，是最佳的拍摄位置。

12 阁沙梅岛W度假村 W Retreat Koh Samui

MAP P.126 C1

国际大型连锁酒店 Starwood 旗下的“W Hotels”品牌，向来走时尚高档路线，这间于 2010 年 10 月开业，位于阁沙梅岛（苏梅岛）北部的“W Retreat Koh Samui”也不例外，在走进度假村大堂的一刻，已感受到那份特别的设计格调，不同于常见的传统泰式风情，这里大胆将传统与现代融合在一起，装饰及配色新颖，单是那海天一色的露天水池跟酒吧，就可以领会到“W Retreat Koh Samui”的独特品位。

整个度假村共由 75 间别墅所组成，每一间也配备有私人庭园及私人泳池，屋型选择多元化，包括有面积由 163 平方米的一房型 Jungle Oasis，以至全度假村最大，面积近 930 平方米的双层式别墅 Extreme WOW Ocean Haven 等，当中部分别墅更可享有海景，也有部分可经私人通道直达沙滩。

这里的所有房间都是独立别墅设计，极具私密性，而且全部附设私人泳池，足不出户也可以尽情享乐。

房间的设计是将现代设计风格，与东南亚的度假气氛装潢合二为一，是追求独特品位客人的首选。

晚上的度假村环境也是同样地别具气氛。

不同等级的别墅，其私人泳池的大小也略有不同。

度假村依山而建，不少别墅也可以享有无敌全海景。

快速寻找

度假村距机场约15分钟车程，位于北部Bophut及Maenam Beach之间。

资料

地址：4/1 Moo 1 Tambol Maenam, Surat Thani, Koh Samui, 84330
泰文地址：4/1 Moo 1 Tambol Maenam, แม่น้ำ, เกาะสมุย สุราษฎร์ธานี, ไทย
电话：+66-77-915-999 网址：www.whotels.com/kohsamui 房价：฿13600起/晚

无边际泳池位于山边，可边游泳，边欣赏山下美景。

13 包场感受世界 Suralai Luxury Private Villa Koh Samui

MAP P.126 C2

2009年开幕的私家度假村，客人一住就需要包起全场，最适合一大群亲朋好友一同度假。

酒店位于Bophut山上，占地1.3公顷。房内及大厅都可从落地玻璃居高临下地欣赏美丽的海景。酒店设有2个厨房，除了可自己亲自下厨外，也可聘请泰国厨师为自己提供独家服务。

此外，酒店共有6间房间，每个房间都设有30寸plasma电视、Boss音响设备及无线上网，还可租用管家服务。若能凑够12人入住，每人不过550多铢，就可享受贵族式生活！

Suralai位于隐蔽的山上，加上必须包场入住，就像另一个世界般，不用担心其他人打扰，想怎样玩都可以。

房间面积非常大，还设有露台。

开放式厨房，可自己亲自下厨，也可聘用当地厨师。

屋内大到翻筋斗也行，而且有多面落地玻璃，可饱览山下海湾景色。

浴缸都是被玻璃窗包围，连沐浴时间也不放过欣赏美景的机会。

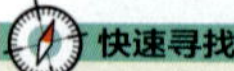

快速寻找

阁沙梅岛（苏梅岛）北部山上，由机场坐车前往约15分钟。

资料

地址：Monkey Theatre Road, Moo 1, Tambun Bo phut, Koh Samui, Suratthani
泰文地址：หมู่ 1 ตำบลบ่อผุด เกาะสมุย สุราษฎร์ธานี
电话：+66-77-427-648
房间数目：6间，但须一次全包
SPA服务：无
沙滩：无
主要设施：餐厅、酒吧、泳池、健身室、管家及泰国厨师服务
房价：฿3500起/晚
网址：www.suralai.com

14 阁沙梅岛海洋酒店 The Sea Koh Samui

MAP P.126 A1

前身是 Le Bayburi，位于湄南区，人流较少，环境清静，很适合想远离烦嚣、静静养生之人。酒店设计结合时尚和传统的建筑元素。除了普通客房外，也设有独立的泳池别墅，拥有露天浴缸，而且打开落地玻璃门就是无敌海景，感觉非常舒服。

酒店设计时尚，但房间用了不少传统风格设计的摆设和家具。

前往方法

阁沙梅岛（苏梅岛）西北部，由机场坐车前往约20分钟。

资料

地址：5/5 Moo 5, Tambon Mae Nam, Koh Samui, Suratthani
泰文地址：5/5หมู่ 5ตำบลแม่น้ำอำเภอเกาะสมุยสุราษฎร์ธานี
电话：+66-77-960-567
房间数目：27　SPA服务：有　沙滩：有(私家)
主要设施：餐厅、酒吧、泳池、健身室、SPA
房价：฿5250起/晚
网址：**www.theseasamui.com**

白色小屋配传统屋顶，设计简洁。

2-bedrooms seaview套房设备齐全，设有独立厨房，大可亲自下厨。

房间打开窗就是大海，部分露台设有浴缸。

酒店大堂(The Living Room)坐拥无敌大海景，更是阁沙梅岛（苏梅岛）少有可以看到日落的酒店。

15 阁沙梅岛四季度假村 Four Seasons Resort Koh Samui

MAP P.126 A3

坐拥无敌海景的Four Seasons，位于阁沙梅岛（苏梅岛）西北角的Laem Yai半岛上，整个半岛从山顶到海边均属酒店范围，俨如独立小王国！60栋独立的别墅分布在果树茂盛的山里，无一不坐拥无敌大海景，海天一色尽在眼前。

名师Bill Bensley精心打造

度假村由哈佛毕业名设计师Bill Bensley精心打造，保留泰南建筑特色，并保留原有生态，856棵原有椰子树屹立至今。房内设备齐全，全部设有私人泳池。酒店更特别注重客人的私隐和空间，保证住得舒适与宁静。

酒店接待大堂位于百余米的山上，需乘坐接驳专车往返。

等候办理入住手续时，可先享用设计独特的欢迎饮料，留意放在巨型杯内的冰块。

快速寻找

由机场坐车前往约30分钟。

资料

举行地点：219 Moo 5, Tambon Angthong, Amphur Koh Samui, Suratthani
泰文地址：219 หมู่ 5 ตำบลอ่างทอง อำเภอเกาะสมุย สุราษฎร์ธานี
电话：+66-77-243-000 网址：www.fourseasons.com/kohsamui
房间数目：60间 SPA服务：有 沙滩：有(酒店私家)
主要设施：餐厅、酒吧、健身室、商店、图书馆兼电脑室、会议室、游泳池、儿童活动室等
房价：฿18700起/晚

在The Living Room的沙发除了可以对着海景看书外，也有扑克等玩物让客人使用。

阅读室外的休息间曾被多本外国旅游杂志刊登在封面上，非常有名。

酒店处处环境幽雅，每个角落设计也不马虎。

3大房型推荐：

浴室的落地大玻璃门可以开启，感受自然气息。

15a 单卧室别墅 One Bedroom Villa

为 Four Seasons 最基本的客房，共有 29 间，均为独立屋设计，室外设有临海私人无边际泳池。露台也设有沙发床，晚上拉起蚊帐便可在此休息。室内部分则有双人大床，附设衣帽间和洗手间，淋浴设施外还有浴缸，配落地大玻璃设计，坐拥整个泰国湾景色。

资料

房价：฿18700起/晚

房间外的泳池，即使是全酒店最小的，面积也比阁沙梅岛（苏梅岛）上其他酒店的都要大。

酒店每天都会供应新鲜水果供住客享用。

每间独立房间外均有一对小竹门，穿过小通道才到达房间。

房内设计体贴，连灯光位置也切合住客需要。

15b 豪华单卧室别墅 Deluxe One Bedroom Villa

共有 21 间，内部设计和 One Bed Room Villa 一样，但泳池面积较大，露台尽头有连接隔邻的门。若想有更私隐的空间，可选择共有 8 间的 Premier One Bed Room Villa，设计完全一样，但旁边没有相连独立屋。

所有房型内均设有iPod / iPhone播放器，内置循环立体声，音效相当不俗。

淋浴间外有小绿化间，配合酒店保护环境的主题。

每天晚上，酒店均会安排免费夜宵送到房间让客人品尝，非常细心。

资料

房租: ฿22100起/晚

泳池面积较大，喜欢游泳的朋友入住首选。

15c 五居室度假别墅 Five Bedroom Residence-villa

Four Seasons 内最大的房型，原作出售用途，现在也可作酒店形式租住。由于原是住宅，所以房内设备齐全，除了起居室外，还有工作间、厨房、酒窖和正式用餐室。室外也设有酒柜、咖啡机和餐桌，可同时容纳 10 人居住，适合一大群朋友同来度假。

小型泳池可让小孩子戏水。

若天色明朗，从起居室向外望可俯瞰整个阁帕岸岛（帕岸岛）。

室外餐桌，跟友人在这里聊天吃饭再好不过。

资料

房租：฿255000起/晚

门外候车处设有吊椅，情侣在此谈心也相当浪漫。

室内用餐区，稍经布置后可举行Formal Dinner。

附设餐饮推荐：

即使是一杯卡布奇诺也别具心思。

15d 兰塔尼亚餐厅 Lan Tania Restaurant

位于 Living Room 旁的山上餐厅，供应早、午、晚三餐，单是早餐已有多种选择，包括泰国、亚洲和欧洲自助早餐和散叫的美式早餐，种类繁多。其余时间提供泰菜和意大利菜。

自助早餐单是面包选择已有十多种，仅是看已令人垂涎三尺，吃后更令人留恋。

不喜欢室外的朋友也可以选择室内。

除了食物外，这里也设酒吧，提供不同种类的鸡尾酒。

下午茶时间来这里尝尝甜品也不错，口感特别，有意想不到的感觉。

资料

开放时间： 6:30~11:00 / 17:00~23:00

食客可选择室内用餐，或是对着大海进食。

每把椅子上均有靠枕，相当舒适。

PP海鲜餐厅 Pla Pla

Pla Pla 在泰文中的意思是很多鱼，顾名思义，这里以泰式海鲜为主打。坐落于沙滩和泳池旁，环境优美，为配合海鲜主题，连餐具和摆设也可以“捕鱼”。主菜之外，这里也提供各种沙拉和饮料，让在沙滩旁享受免费按摩的住客享用。

资料

开放时间： 11:00~22:00

越式大虾春卷，配上特制酸辣酱更美味。฿310

泰国著名的青木瓜沙拉拌虾。฿350

配合海洋主题的餐厅入口，甚有气势。

躺在吊床上享受鸡尾酒特饮，也是悠闲的选择。

泰式炸虾饼，十分爽口。฿350

鲜带子配长通粉，通粉软硬恰到好处。฿510

其他设施：

15f 四季画廊商店 Four Seasons Gallery

位于 Living Room 旁，搜罗泰国不同地方的土产和小吃，虽然价钱比外面稍贵，但品质有保证，可放心购买。另外，这里也有售沙滩用品，即使忘了带也不用担心。

Gallery的正门，摆设已充满泰国特色。

除了装饰品外，还有各种服饰和酒店的纪念品出售。

15g 图书馆 Library

除提供不同种类和语言的图书和杂志，以及有关阁沙梅岛（苏梅岛）和泰国文化的书籍外，也设有 3 部电脑供住客使用，并提供免费上网服务。

即使在图书馆，也有无敌大海景，在这里阅读再好不过。

除了电脑外，也有多套DVD电影让住客带回房间享用。

15h 游泳设施 Swimming Facilities

酒店独揽整个 Laem Yai 半岛，内设私人沙滩，并提供太阳伞、沙滩椅和吊床等设施。沙滩旁则是面对无敌大海的主泳池。留意，每日下午时分，住客可到这里享受 15 分钟的免费泰式按摩，服务十分体贴。

酒店私人沙滩除了沙滩椅外，还有沙发兜提供。

泳池面临沙滩，椰林树影。

附设水疗推荐：

治疗室内设有两张床，最适合情侣享用。

室外设有浴缸，在丛林之中浸浴感觉特别舒畅。

水疗中心 The SPA

酒店附设的水疗中心环境清幽，有如置身于丛林之中，设有5间独立的小屋，顾客可以选择在室内或室外享用水疗。

The SPA疗程注重平衡之道，结合泰式和瑜伽的疗程，集地、火、水、空气和太空五个元素，也应用了月亮运行和引力。除了一般的身体磨砂、蒸汽浴外，也有针对不同身体部位如头、手、脚的疗程。

有多种按摩油让客人选择，保证能找到一种适合的味道。

治疗室处于丛林之中，私密度极高。

治疗开始前，会先进行脚底按摩。

更衣室内设有多个抽屉，更特别设有首饰柜，十分体贴。

如果不喜欢在室外沐浴，也可以选择室内。

脸部护理使用Just Pure品牌。

资料

营业时间：9:00~21:00
电话：+66-77-243-000

推荐疗程：Sun Fire ฿8300/150分钟、Three-day Retreat Programme ฿22700

花园有很多充满地道特色的泰式亭子，让住客在这里用餐或按摩。

16 阁沙梅岛安纳塔拉波普度假酒店 Anantara Bo Phut Koh Samui

MAP P.126 C1

Anantara 是泰国颇具规模的酒店集团，在金三角、普吉岛、华欣，甚至马尔代夫、阿布扎比均有度假村，酒店设计着重融入当地历史和文化，环境极具欣赏价值。2004 年年末在阁沙梅岛（苏梅岛）开业的 Anantara，由设计大师 Bill Bensley 打造，以阁沙梅岛（苏梅岛）椰子文化为蓝本设计，配合阁沙梅岛（苏梅岛）的无敌海滩和泰式建筑风格，又加入了精品酒店的精致设计，打造出观赏价值极高的酒店。

还有一大特点，就是酒店内处处可见猴子的踪影，原来与阁沙梅岛（苏梅岛）的采椰产业息息相关。

酒店的中庭设有荷花池和热带植物，圣诞节更会换上充满阁沙梅岛（苏梅岛）特色、用椰子砌成的圣诞树，十分悦目。

快速寻找

阁沙梅岛（苏梅岛）北部，由机场坐车前往约10分钟。

资料

地址：99/9 Moo 1, Bo Phut Bay, Ampher Koh Samui, Suratthani
泰文地址：99/9 หมู่ 1 อ่าวบ่อผุด ตำบลบ่อผุด อำเภอเกาะสมุย สุราษฎร์ธานี
电话：+66-77-428-300　网址：www.anantara.com
房间数目：106间　SPA服务：有　沙滩：有(公用)
主要设施：餐厅、酒吧、阅读室、游泳池、健身室、精品店、网球场等
房价：฿6600起/晚

猴子墙，如果阁沙梅岛（苏梅岛）的采椰业没有它们，也未必会有今天的阁沙梅岛（苏梅岛）度假天堂。

大堂中像鸟笼般的灯笼十分堂皇，果然是设计大师杰作。

进入酒店的行车路设计有如丛林之中的营地，要先驶过木搭的桥梁。

3大房型推荐

睡床相当阔落和舒服，叫人不舍得离开。

足够两人享用的浴缸，情侣享用花瓣浴最浪漫。

室外空间虽小，却五脏俱全。

16a 豪华房 Deluxe Room

按露台的景致再细分为3个级别，最基本的为地下设有小花园的豪华房，另设有花园和海景露台。房间以简约木材设计为主，浴室、睡房和花园可以打通，花园也备有太阳椅和餐台供住客使用。

资料

房价：฿6600起/晚

特大浴缸正对客厅大床，设计非常新颖。

房间最特别之处是电视可以调角度，无论在起居室还是床上均可以看到。

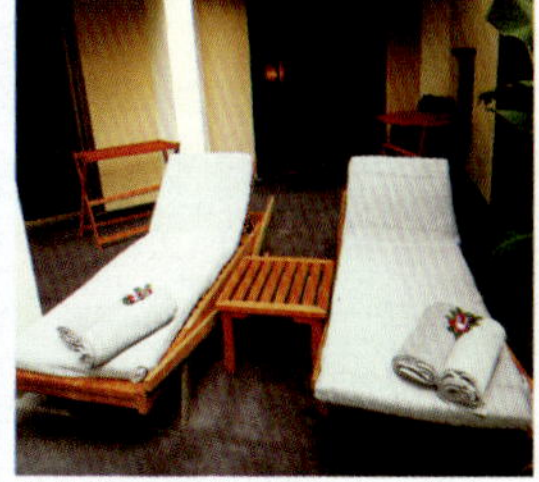

室外设有两张可调整角度的太阳椅。

主人床绝对会让客人忘记吃早餐。

16b 情侣套房 Anantara Suite

共有18间的套房面积相当开阔，设有起居室和较大的室外花园，足够两人享用的日光浴空间，最适合情侣入住。

资料

房价：฿11500起/晚

浴缸和睡房中间的屏风可以关上，不一定要打开。

主人床相当开阔，后面便是可供两人共享的浴缸。

16c 蜜月套房 Royal Anantara Suite

等级最高的房型，也分为两种类型，包括设有私人高尔夫球场的套房，及设有180度海景、花园景露台的套房。房间的卖点是与主人床相连的浴缸，相当浪漫，最适合蜜月夫妇。

起居室感觉柔和，每天还会送上新鲜水果。

资料

房价：฿14500起/晚

专家指点：毛巾玩偶有故事

在泰国大小酒店，常会见到床头放了用毛巾折成的动物玩偶。其实毛巾玩偶的起源在丽星邮轮上，后来被泰国各酒店师傅发扬光大，并在泰国各地教授酒店员工。如阁下想学折毛巾，除了可以参加酒店提供的兴趣班外，亦可在曼谷市内的大型书店找到相关书籍自学。

180度全景露台，更设有沙发床，非常舒适。

一楼的房间更设有迷你高尔夫球场及按摩池。

附设餐饮、设施和水疗推荐：

16d 尽享吊椅沙发 Eclipse Bar

位于大堂旁的酒吧，分为室内、室外两部分，其中室外设有吊椅沙发，躺在上面喝一杯特饮或下午茶绝对享受。酒吧提供多种酒店独家的鸡尾酒，值得一试。

这么舒服的环境，即使不饮酒也应来喝杯咖啡。

资料

营业时间：11:00~次日1:00

Anantara Delight，由Vodka、Galliano及 Curacao调制而成，味道颇清甜，适合女士。฿260

Samui Sling，味道似Singapore Sling，或许因为两个地方距离不远吧。฿260

最经典的泰菜——菠萝炒饭，反而泰国不是很多地方能吃到。฿220

冬阴功汤材料十足，还伴有大虾，很正宗！฿250

16e 地道泰菜 High Tide

酒店的泰国餐厅，提供自助早餐、地道和泰南口味晚餐菜式，胜在价钱不贵。

资料

营业时间：6:30~10:30，18:00~22:30

16f 池畔意菜 Full Moon

坐落主泳池畔，坐拥无敌海景的意大利餐厅，供应的是新派意菜，色香味俱全。

餐厅坐落池畔，视野极佳，天气好时更能看到阁帕岸岛（帕岸岛）。

资料

营业时间：11:30~22:30

阁沙梅岛（苏梅岛）产海虹、海虾、鱿鱼等海鲜配红椒番茄阔条面，材料新鲜特别好吃。฿390

意大利甜品三宝：提拉米苏、椰肉和意大利咖啡味雪糕，加上咖啡豆和朱古力酱点缀，谁能忍住诱惑？฿210

中心的正门恍如丛林中的迷人宫般。

治疗用的产品均用英国进口品牌Elemis。

16g 安纳塔拉水疗中心 Anantara SPA

踏进酒店附设的水疗中心，即被其环境吸引！设计以紫色和桃红色为主，并以古代王宫为概念，超高的大门，处于水中央的接待处，每间治疗室均以落地大玻璃连接室外花园和淋浴间，叫人想快点享受身心启迪之旅。

接待处的环境和设计，真叫人赞叹。

治疗室外还有特大的按摩池和淋浴间。

每间治疗室的正门均如宫殿，气势十足。

资料

营业时间：10:00~22:00

16h 迷幻图书馆 The Library

酒店大堂一侧设有图书馆，住客也能在这里使用电脑跟亲友保持联系。

图书馆的环境迷幻，令人迷恋。

16i 大卖民俗服饰 Gallery

酒店附设有精品店，售卖各式地道纪念品、民俗服饰和泳装。

精品店内的民俗服饰特别受欢迎。

酒店环境真正背山面海，十分清静。

17 班德拉度假酒店及水疗中心 Bandara Resort and SPA Samui

MAP P.126 C1

位于波菩海滩上，毗邻区内最热闹、高级饭店林立的 Fisherman's Village，对面就是小型赛车场，距岛上唯一的 Big C 也不远，绝对是食、玩、买的最佳选择。酒店有多种客房选择，丰俭由人，工作人员服务亲切，而且设施齐备，活动齐全，故是自助游套餐中的热门选择。

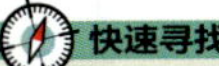

快速寻找

阁沙梅岛（苏梅岛）北部，Anantara附近，由机场坐车前往约10分钟。

资料

地址：178/2 Moo 1, Tambon Bophut, Amphur Koh Samui, Suratthani

泰文地址：178/2 หมู่ 1 ตำบลบ่อผุด อำเภอเกาะสมุย สุราษฎร์ธานี

电话：+66-77-245-795

网址：**www.bandararesort.com**

房间数目：150间

SPA服务：有　　沙滩：有(公用)

主要设施：餐厅、酒吧、理发店、游泳池、健身室、精品店、潜水课程等

房价：฿4900起/晚

酒店外便是波菩海滩，泳客明显比查汶和拉迈少，更宁静。

除了迎宾的Herbal Tea外，还有极美味的椰汁糕。

在这里度蜜月的新婚夫妇，可以栽种一棵以他们名字命名的植物，别具纪念意义。

酒店活动齐备，还举办潜水课程，让初学者先在泳池练习。

4大房型推荐：

起居室的沙发也可以当床睡。

17a 高级豪华房 Grand Deluxe

全酒店只有 2 间，房间面积相当大，设有起居室和特大露台，坐拥酒店全景。

资料

房价：฿8200起/晚

浴缸可眺望室外风光。

虽然起居室与睡房相连，但空间很开阔。

从房间向外望，酒店的环境也不俗。

17b 可3人入住 Supelor Room

标准客房共设有 22 间，设有双人大床和室内沙发床，可额外付费加床让 3 人入住。

双人大床非常宽阔，两个人睡也绰绰有余。

睡房和浴室之间的门可以打开。

资料

房价：฿4900起/晚

17c 豪华客房 Deluxe Room

共有 98 间，内设双人大床及沙发床，或两张双人大床，亦设有露台或小花园。

露台上也设有沙发床让住客休息。

资料

房价：฿5950起/晚

按摩池水力强劲，池亦颇深，绝对是消暑的好地方。

17d 露天按摩池别墅 Villa

酒店的海旁一带有28间隐密度极高的私人小屋，内设户外私家按摩池、露天浴缸、淋浴设施和泰式亭子，房间相当开阔，设备也最完备，住客更可选择在室外花园用餐，最适合情侣和蜜月夫妇。

资料

房价：฿8800起/晚

房间的入口充满花园气息，令人舒畅。

门牌反过来就是请勿打扰的意思，颇具特色。

室外设计以鹅卵石为主，配上绿色植物，对比鲜明。

睡床和其他房型一样，是唯一没变的陈设。

使用LCD阔银幕电视机，相比其他房型好。

室内一样设有淋浴间。

安格拉斯牛排配上自制薯蓉，选用从欧洲引进配种的牛肉，肉质肥美、软硬适中。薯蓉口感实在且非常入味，必试之选！฿690

大厨Edmond推荐的海鲜拼盘，鱼虾蟹齐备，叫人再饱也要吃下去。

软壳蟹配上酸辣酱，炸得非常香脆。฿260

17e 香港大厨主理餐厅 Chom Dao

位于海旁的餐厅，以提供新鲜海鲜为主。这家餐厅的口味特别适合来自香港的朋友，皆因餐厅大厨 Edmond 来自香港，熟悉港人口味。除了海鲜外，还提供 fusion 菜，材料更是经过 Edmond 严选，价格合理。用餐过程中更有来自菲律宾的乐手演奏，配合日落美景，相当浪漫。

餐厅环境相当惬意，还可看到阁帕岸岛（帕岸岛）的海岸。

资料

营业时间：11:00~22:30

按摩池旁放了很多盆栽，感觉特别自然。

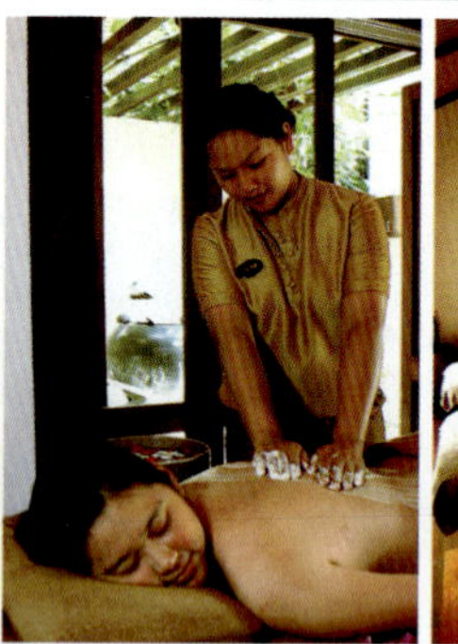
工作人员极力推荐的Siam Polish，45分钟的疗程价值฿1400。

中心设有双人房让情侣一起享用水疗。

17f 班德拉水疗中心 Bandara SPA

酒店自家开设的水疗中心品牌，里面的庭院充满热带风情，内设 5 间连蒸汽室和按摩池的水疗室，中心更提供多种疗程，甚至有长达 5 天的疗程，让客人全身各个部位均“滑一滑”，亦能舒缓生活压力。

中心正门有如花园中的小屋。

资料

营业时间：10:00~22:00　电话：+66-77-427-334

推荐行程

 观光  美食

时间：半天

建议下午抵达，先参观千手观音和大佛，然后到Samui Football Golf游玩，晚上可到Six Senses Hideaway内的Dinning on the Rock用餐。

交通范例

从阁沙梅岛（苏梅岛）国际机场或查汶乘双排车或出租车前往约10分钟，车费约฿100。

新兴旅游区
曾蒙海滩

阁沙梅岛（苏梅岛）国际机场所在的曾蒙区，是阁沙梅岛（苏梅岛）上最新兴的旅游区，数年前还只靠一条单线双程行车的小路进入，前往区内其他海滩和度假村更是泥泞满途。经历近年大兴土木，新建的酒店更是雨后春笋。不久的将来，这里可望成阁沙梅岛（苏梅岛）上另一人气闹市。

现在区内设有阁沙梅岛（苏梅岛）上最著名的两座庙宇景点——千手观音和大佛，此区是几乎所有游客必到的旅游区！

01 Samui Football Golf
02 千手观音寺
03 Wat Phra Yai
04 阁沙梅岛机场驾车专用道
1 05 皇家船屋海滩度假酒店
06 阁沙梅岛阿卡恩水疗度假村
07 阁沙梅岛第六感酒店
08 阁沙梅岛本德哈里水疗度假村
09 阁沙梅岛莎拉酒店
10 卡玛度假村
11 美拉堤海滩度假酒店
12 The Tongsai Bay
2

不要以为球大就很容易踢，其实都很有难度。

踢到第11个洞已经筋疲力尽，洞前还有大堆椰子障碍物。

门口的“Coconaldo”，造型非常恶搞。

场内椰林树影，绿草如茵。

01 恶搞高尔夫球场 Samui Football Golf

MAP P.156 B2

查汶到曾蒙海滩的路上，发现一个由椰子砌成的足球人玩偶，这里正是阁沙梅岛（苏梅岛）上最恶搞的足球版高尔夫球场。也设有 18 个洞，不过洞口特大，改为踢足球入洞。高尔夫球场一样有各式障碍物，如森林、草丛。

快速寻找

Karma Samui往曾蒙海滩方向车程约5分钟；从查汶乘出租车前往约฿300。

资料

地址：63/240 Moo 5, Tambon Bo Phut, Amphur Koh Samui, Suratthani

泰文地址：63/240 หมู่ 5 ตำบลบ่อผุด อำเภอเกาะสมุย สุราษฎร์ธานี

电话：+66-77-426-600　营业时间：9:00~18:30

休息：无休息日　收费：成人฿600、儿童฿300

网址：www.samuifootballgolf.com

千手观音是这里的地标之一。

庙宇坐落于水上的莲蓬里，有如一艘航行中的莲花船。

02 千手观音寺 Wat Plai Laem

MAP P.156 B1

又称为千手观音庙，是阁沙梅岛（苏梅岛）上最新建成的庙宇，整座庙宇恍如竖立于浮在湖上的莲蓬里，美得说不出话！除了地标性的千手观音像外，还有大型佛祖像，整个建筑群色彩丰富，庙内香火更是鼎盛，吸引大批善男信女前来参拜。

庙内小桥流水，有如人间乐土。

快速寻找

4171公路和Tong Sai Road交界附近。

资料

地址：Plai Laem, Tambon Bo Phut, Amphur Koh Samui, Suratthani
泰文地址：ปลายแหลม ตำบลบ่อผุด อำเภอเกาะสมุย สุราษฎร์ธานี
开放时间：24小时

特大的佛祖像，有数层楼高。

除了大型千手观音外，还有迷你的千手观音。

这里也有正式的庙宇可供参拜。

高12米的大佛，天气好时，在对岸也可看到。

03 12米大佛 Wat Phra Yai

MAP P.156 A1

单看庙宇名称可能不为人知，但一提起 Big Buddha（大佛），便全阁沙梅岛（苏梅岛）尽人皆知。这个阁沙梅岛（苏梅岛）上最热的景点，耸立在阁沙梅岛（苏梅岛）东北面，1972 年建成，大佛高 12 米，表面漆上金色。庙宇正进行修缮工程，访客可在旁边的店铺口捐钱，把自己的名字写在砖上以示支持庙宇运作，不失为阁沙梅岛（苏梅岛）的最佳回忆。

写上名字的砖会用作兴建庙宇，相当具有纪念价值。

佛寺外设有很多小店售卖各式纪念品。

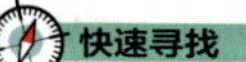
快速寻找

4171公路近BBC餐厅转入。

资料

地址：Big Buddha, Tambon Bo Phut, Amphur Koh Samui, Suratthani
泰文地址：พระใหญ่ ตำบลบ่อผุด อำเภอเกาะสมุย สุราษฎร์ธานี
开放时间：24小时

逛得累，大可搭乘这里的免费穿梭车前往登机入口。

离开阁沙梅岛（苏梅岛）前，何不到纪念品店买一张椰林树影的明信片，并从这个“椰树邮筒”寄回家？

04 阁沙梅岛机场驾车专用道 Samui Airport Parkway

MAP P.156 A2

充满热带风情、曾被评为十佳机场的阁沙梅岛（苏梅岛）国际机场最近又有新创意，在离境大堂至登机入口之间加设了一条购物街，环境充满度假气氛。街上除有礼品店、新派泰菜餐厅和书店外，还有泰国丝绸大王 Jim Thompson，绝对是上机前血拼扫货的最后机会。

入闸前作最后扫货的Jim Thompson。

嫌天气热的朋友，推荐到Swensen's雪糕店，吃杯雪糕消暑。

不乏造型可爱的雪糕，叫人不舍得吃。

快速寻找

登机手续大堂旁。

资料

地址：99 Moo 1, Tambon Bo Phut, Amphur Koh Samui, Suratthani
泰文地址：99 หมู่ 1 ตำบลบ่อผุด อำเภอเกาะสมุย สุราษฎร์ธานี
电话：+66-77-425-011

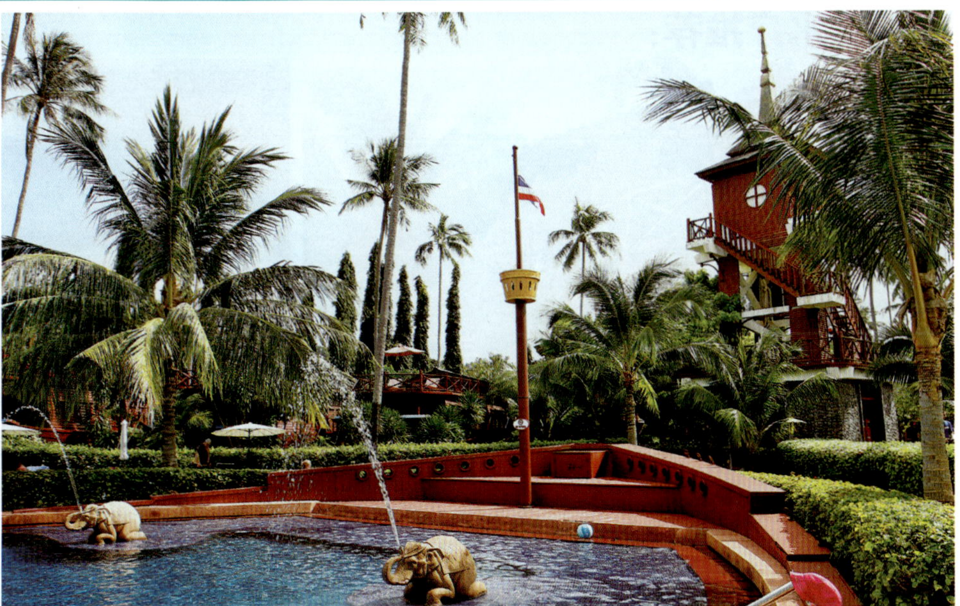

主泳池设计以一艘船为主题，不过有点像沉了的船。

05 皇家船屋海滩度假酒店 Imperial Boat House Hotel

MAP P.156 B1

这间位于曾蒙海滩上的酒店已有多年历史，设计以泰国南部建筑特色为主。但酒店最为人熟悉的是以木船造型的房间，非常受欢迎。园内处处均有配合船房的装饰，也不失为拍照的好地点。酒店同时设有餐厅和水疗中心。

酒店正门也有不少以船为主题的装饰。

 **资料**

地址：83 Moo 5, Tambon Bo Phut, Amphur Koh Samui, Suratthani
泰文地址：83 หมู่ 5 ตำบลบ่อผุด อำเภอเกาะสมุย สุราษฎร์ธานี
电话：+66-77-425-041　房间数目：210间　SPA服务：有　沙滩：有(公用)
主要设施：餐厅、酒吧、商店、健身室、网球场、游泳池等
房价：฿2500起/晚　网址：www.imperialboathouse.com

水塔及下面的莲花池是酒店内环境最优美的地方。

酒店附设有潜水中心，住客可先在泳池学水肺潜水。

酒店共有两个泳池。

客房大楼设计有点异域风情。

在主泳池旁亦设有泰式SPA，让顾客进行泰式按摩。

9i 池边水疗 Sala SPA

SPA 所在的荷花池加上以木搭成充满泰式风情的水疗室，环境相当不错。最著名的 Sala Signature Massage 由两个治疗师同时用四手进行按摩，舒缓压力。

治疗室均隐藏于丛林之中。

情侣在心形花瓣池中共浴，特别浪漫。

资料

电话：+66-77-245-888
营业时间：10:00~21:00
网址：**www.mspa-international.com**
推荐疗程：
Sala Signature Massage：฿2500/60分钟
Signature by Clarins：฿5400/120分钟

顾客可要求提供花瓣浴，女生特别喜爱。

浸浴之外，室外也设有淋浴设备让客人在疗程前后使用。

疗程使用的产品均是天然材料，对人体绝对无害。

酒店正门并不起眼，驾车的朋友不要开太快，否则一闪即逝。

10 卡玛度假村 Karma Resort

MAP P.156 B2

要拥有一间数百平方米的临海大宅，内有泳池、独立起居室、洗衣房甚至车房，是许多人的梦想！现在只要入住 Karma，便能梦想成真！酒店共有 36 间度假屋，就算一家九口家庭旅行，总有房间能容得下全家人，尝试过一过富豪的生活。

快速寻找

阁沙梅岛（苏梅岛）东北部，由机场坐车前往约10分钟。

资料

地址：80/32, Moo 5, Tambon Bophut, Amphur Koh Samui, Suratthani
泰文地址：80/32 หมู่ 5 ตำบลบ่อพุด อำเภอเกาะสมุย สุราษฎร์ธานี
电话：+66-77-234-500　网址：www.karmasamui.com
房间数目：36间　3PA服务：有　沙滩：有(酒店私家)
主要设施：餐厅、酒吧、图书馆、游泳池、商店、儿童活动中心等
房价：฿8180起/晚

部分房间设有独立车房，打算自驾的朋友出发前最好先跟酒店联络安排。

鲜艳的花朵和翠绿的草坪，配上蓝天白云，即使待上一星期也不厌倦。

酒店环境有如私人住宅区，深受西方游客欢迎。

酒店餐厅下设有日光浴台，让住客可以对着海景享受阳光。

客房环境介绍：

10a 奢华泳池别墅 Luxury Pool Villa

Karma 设有 5 种客房，全是多层独立屋设计，但屋内设计皆一样，只是主人房的数目不同，同样设有主人房、起居室、开放式厨房、洗衣房等，故本文只以一间主人房的 Luxury Pool Villa 为例介绍。

部分房间设有自动升降闸的车房。

从露台向外望的景致怡人，而且处处椰林，充满阁沙梅岛（苏梅岛）气息。

主人房

主人房独占二楼全层，附有特大露台、King Size 大床、LCD 电视和衣帽间等，浴室除了淋浴间外还有大浴缸，个人用品一应俱全，包括浴盐、浴袍、多种味道的肥皂等。

主人床软绵绵，十分舒适，而且坐拥海景，打开窗门就能听到阵阵海浪声。

沐浴也有多种选择，而且用品齐全，味道芳香。

一楼睡房

一楼设有另外两间小睡房，每间房间内也设有淋浴设施，适合小朋友使用。

连小睡房的睡床也分双人床和单人床，十分细致。

除了Queen's Size床以外，亦设两张双人床。

起居室

起居室设有特大餐桌可供整个家庭使用，也有特大沙发，设有两部空调，绝对够凉。

餐桌可以让6人同时进餐。

起居室的廊门可以打开，享受新鲜空气。

开放式厨房

与起居室相连，厨具包括煮食器具、餐具均收藏在厨柜内，还有冰箱、烤箱、微波炉、咖啡机等，不妨学学蔡澜到当地市场买新鲜材料回来煮一顿丰富晚宴。

打开每格厨柜，才会发现各式物品非常齐全，比自己家更完备！

为顾及儿童安全，可要求在池边加上栏杆。

相比一般酒店，只有这里独有洗衣房，十分实用。

洗衣房

每间独立屋均设有洗衣房，内设洗衣机、干衣机、熨斗和熨衫板，最适合在这里住上一段时间的人。

室外设施齐备，但洗衣房内备有更多软席用来晒太阳。

室外部分

房间外设有泳池，若是Grand Residence房型面积会较大，外面也设有凉亭沙发床，可以附上太阳椅让住客休憩。

资料

房价：
Private Pool Villa：฿32571起/晚
Grand Pool Hillside Villa：฿59143起/晚

5大房型推荐:

设于地面的房间附设花园，内有摇摆沙发床，躺在上面休息很容易就进入梦乡。

浴室和睡房可打通。

除了两张单人床外，豪华房亦可选择King Size大床。

11a 附设花园或户外浴缸的豪华房 Grand Deluxe

酒店最基本的房型，共有 38 间，但面积相当大，其中 12 间位于地面的更设有花园，另外 26 间设于二楼的则附户外浴缸。

资料

房价: ฿5055起/晚

房间的入口也有如丛林之中，不愧为Private Garden Pool。

泡在泳池中，有如置身丛林之间，感觉盎然。

室外设有淋浴间，晒太阳时若太热可在旁边消消暑。

11b 私人花园泳池 Private Garden Pool

属于别墅型的客房，每间房均设有小型的私人泳池，池畔还有亭子。花园里树木茂盛，也设有室外淋浴，环境相当自然。房间方面，设有 King Size 大床，室内也有淋浴间。

资料

房价: ฿8214起/晚

房间颜色柔和，让精神也得以休息。

King Size主人床相当阔落。

室外亭子颇为开阔，在这里享用茶点非常惬意。

11c 泳池别墅 Pool Villa

泳池别墅的泳池面积相对较大，同样备有室外花园、太阳椅和室外淋浴间。房间面积也相当大，设有独立衣帽间和起居室，睡房和起居室均设有电视，其中起居室的沙发床更可当床，足够3名客人同时入住。

资料

房价：฿11205起/晚

11d 泳池别墅套房 Pool Villa Suite

由此房型起，房间设备不同之外，连个人卫生用品等也较高级。除了起居室、特大泳池、亭子等基本设备外，睡房侧还附设Sun Deck，让住客有充足空间晒太阳。

资料

房价：฿12637起/晚

除了浴室专用的拖鞋外，也提供在房内使用的软绵绵拖鞋。

配备德国进口牌子Aigner的个人卫生用品。

房间环境怡人，蓝色池畔配上棕色亭子，对比鲜明。

睡房落地玻璃坐拥180度池景，视野广阔。

背向园景的浴室内有浴缸和淋浴间两种选择，且也相当阔落。

主人床旁边也设有沙发床。

附设餐饮、设施和水疗推荐：

11e 美拉提水疗中心 Melati SPA

酒店附设的水疗中心，园内种满热带植物，瀑布水池流水淙淙，别具地道风情。焦点是中心设有 3 间内设露天鸳鸯按摩池、私人浴室和更衣室的独立别墅，另设有 2 间单人房、单人和双人泰式按摩亭子各 1 间。

资料

营业时间：10:00~22:00

双人水疗室内设有按摩池，私密度高。

双人水疗室内设有按摩池，私密度高，最适合鸳鸯浴。

享用按摩池时，工作人员更会提供Homemade曲奇供客人享用。

除了双人房外，也设有单人房，外面的景色也相当自然。

11f 早餐厅 Kan Sak Thong Restaurant

位于大堂下层的餐厅，主要提供自助早餐和以泰菜为主的晚餐，还设有 Room Service 服务，住客不用出门就可以享用美食。

餐厅部分座椅为沙发，早上坐在这里喝咖啡，才算得上是享受。

资料

营业时间：6:00~22:30

11g 观景点 The View

以眺望阁帕岸岛（帕岸岛）海景为卖点，餐厅布置典雅自然，采用开放式设计，提供新鲜海鲜和国际美食，当然也少不了地道的泰国佳肴。

餐厅环境充满热带风情，还可清楚看到阁帕岸岛（帕岸岛）。

资料

营业时间：6:00~22:30

11h 水上自行车租用 Chantra Pavilion

酒店的活动中心提供多种活动供住客选择，包括泰文班、泰式工艺班等，还有水上电单车租用，适合爱刺激的朋友。如有兴趣学潜水的朋友，酒店也有举办潜水课程，并有设备租赁。

活动室不一定要玩，也可以在这里聊天，喝一杯鸡尾酒。

资料

开放时间：24小时开放

酒店的主泳池感觉有点像非洲的野生动物保护区。

12 阁沙梅岛(苏梅岛)首家五星级酒店 The Tongsai Bay

MAP P.156 B1

酒店开业于1987年，是阁沙梅岛（苏梅岛）上历史悠久的老牌酒店，也是岛上首间五星级酒店，虽然酒店有多年历史，但近年进行多次大规模翻新，设计带点地中海风情，设施齐备。最大卖点是酒店独占阁沙梅岛（苏梅岛）东北部Tong Sai Bay的大片土地，范围大到要坐高尔夫球车才能逛完。

酒店设有两个泳池，其中这个Half Moon Pool以Infinity Pool设计，绝对吸引人！

快速寻找

阁沙梅岛（苏梅岛）东北，由机场坐车前往约10分钟。

资料

地址：84 Moo 5, Tambon Bo Phut, Amphoe Koh Samui, Suratthani
泰文地址：
84 หมู่ 5 ตำบลบ่อผุด อำเภอเกาะสมุย สุราษฎร์ธานี
电话：+66-77-245-480
网址：**www.tongsaibay.co.th**
房间数目：83间
SPA服务：有
沙滩：有(酒店私家)
主要设施：餐厅、酒吧、游泳池、纪念品店、健身室、网球场等
房价：฿11500起/晚

大堂设计以橙白色为主，墙身凹凸不平，很有地中海的度假感觉。

经过翻新装修，酒店吸引力比其他岛上度假村有过之而无不及。

据工作人员说，这个富有非洲特色的地方是酒店的拍照热点。

4大房型推荐：

室外浴缸也备全个人卫生用品，不用回到浴室拿出来用。

资料

房价： ฿11500起/晚

浴室以白色为主色调，配衬马赛克瓷砖贴面墙，十分光亮，一点也不似旧酒店。

主人床设有蚊帐，晚上何不关掉冷气，感受阵阵海风、听听浪涛声？

12a 特大浴缸露台套房 Beach Front Suite

位于池边的两栋主建筑中，每间房均设有特大露台，并备有室外浴缸和特长太阳椅，私密度相当高。房间内以木为主要材料，设计摩登，露台旁设有小起居室，室内浴室也十分宽敞。

室外空间相当大，可在这里待足一整天。

房间骤看有一点老旧，但入内便见惊喜。

别看房间外面简单，原来暗藏海景露台。

12b 异域小别墅套房 Cottage Suite

有点似英式异域风格的小屋，单看外墙可能给人很旧的错觉，不过打开房门，便会被房间布局所吸引，房间可细分为阁楼和露台，阁楼设有特大主人床和浴室，下层设有起居室连接室外露台和室外浴缸，同样有海景。

资料

房价： ฿12000起/晚

起居室和睡房分隔两层，感觉更好。

房间置于草坪上，充满花园气息。

酒店每天均会送上新鲜水果让住客享用。

12c 向海沙发床 Grand Villa

位于酒店的另一面，属于特大别墅的房型，房间外设有巨型向海沙发床，房间内起居室和睡房相连，而浴室后面也设有花园。

资料

房价：฿19500起/晚

浴室外更设有私家花园，不过室外淋浴设施欠佳。

泳池设于露台的下层，下面便是海滩。

起居室和主人床均能看到海景。

12d 泳池别墅 Pool Villa

只设6间的泳池别墅是酒店唯一设有私家泳池的房型，也有特大沙发床，房间的布置与 Grand Villa 差不多。这房型很受外国人欢迎，住客往往住上超过一个月，所以设有很多抽屉方便住客使用。

资料

房价：฿23000起/晚

室外沙发床的Size和主人床没有分别，不介意的话，晚上来这里睡觉也可以。

室外设有特大浴缸可供两人同时浸浴。

附设餐饮、水疗及设施推荐：

12e 现榨健康果汁 Chef Chom's Thai Restaurant

位于酒店大堂的餐厅，只在早上和晚上营业。早餐提供多元化自助早餐，卖点是现榨果汁，在饮品台放有水果盘，住客只要拿喜欢的水果给工作人员，便会制出新鲜和未添加糖分的饮品。晚餐则主要提供高级泰菜及新鲜海鲜。

餐厅还设有酒吧，用餐之余也可以享受一杯特色鸡尾酒。

资料

营业时间： 7:00~10:30/19:00~22:00

餐厅位于海旁，坐拥无敌海景。

12f 池畔Fusion菜 Po-Lad Beach Bistro

位于海旁主泳池侧的餐厅，由岛上著名餐厅 BBC 的大厨 Keith Floyd 兼理，设有室内外的用餐区，提供以 Fusion 菜为主的午餐及晚餐。

资料

营业时间： 11:00~次日0:00

12g 独立屋舍 Prana SPA

酒店附设的水疗中心位于海滩旁边，治疗室均以独立屋舍为主，每间房均可让 2 人同时进行疗程，室外则设有特大圆形浴缸和足浴设施。

资料

营业时间： 11:00~22:00

水疗中心像丛林，有点探险味道。

感受原始阁沙梅岛（苏梅岛）
阁沙梅岛（苏梅岛）南部

泛指 Hua Thanon、Bang Kao、通库（Thong Krut）和 Taling Ngam 一带，是岛上少有尚未开发的地区，仍保留着椰林处处的风貌，海旁还可找到过着简朴生活的渔民，山上的瀑布、花园皆保存原始面貌，只需 20 多分钟车程，便能远离闹市、享受宁静的大自然。

当中，阁沙梅岛（苏梅岛）西南面的 Taling Ngam，乃岛上唯一有日落景色的地方，看着夕阳慢慢消失于地平线，传统木船在泛红的大海中驶过，被誉为岛上最浪漫的美景。

推荐行程

观光

美食

时间：1天

上午可先到纳蒙瀑布和探险公园游玩，再参观Wat Khunaram，然后到Big John Seafood吃午餐，餐后可前往蝴蝶园、蛇园、水族馆等参观。到了黄昏，推荐到The Five Islands吃晚餐兼欣赏日落美景。

交通范例

从查汶乘双排车或出租车前往约30分钟，车费约฿400。

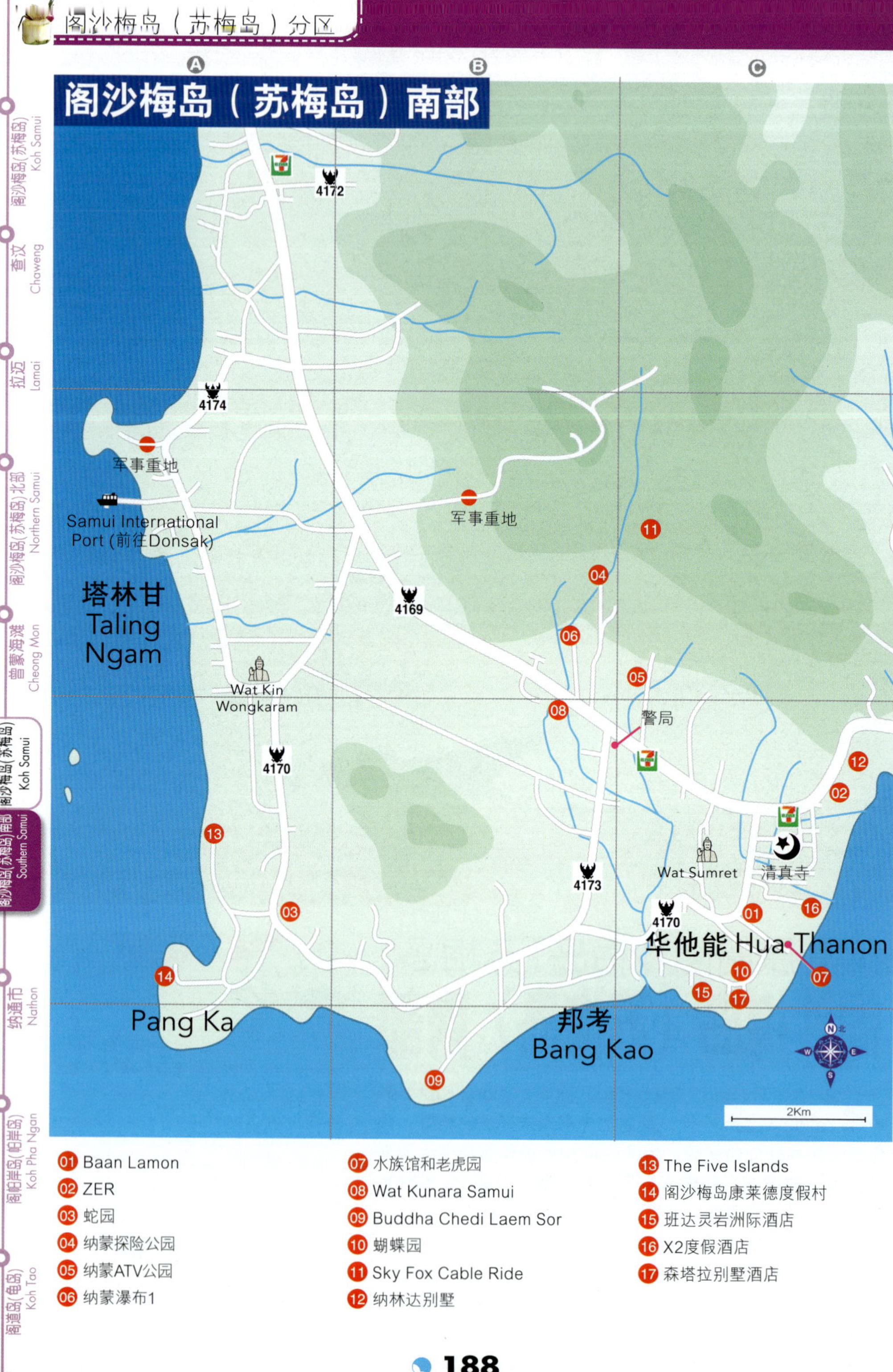

阁沙梅岛（苏梅岛）南部
A
B
C
4172
4174
军事重地
Samui International Port (前往Donsak)
军事重地
塔林甘 Taling Ngam
4169
Wat Kin Wongkaram
4170
警局
4173
Wat Sumret
清真寺
4170
华他能 Hua Thanon
Pang Ka
邦考 Bang Kao
2Km
N 北
W
E
S
01 Baan Lamon
02 ZER
03 蛇园
04 纳蒙探险公园
05 纳蒙ATV公园
06 纳蒙瀑布1
07 水族馆和老虎园
08 Wat Kunara Samui
09 Buddha Chedi Laem Sor
10 蝴蝶园
11 Sky Fox Cable Ride
12 纳林达别墅
13 The Five Islands
14 阁沙梅岛康莱德度假村
15 班达灵岩洲际酒店
16 X2度假酒店
17 森塔拉别墅酒店
阁沙梅岛(苏梅岛) Koh Samui
查汶 Chaweng
拉迈 Lamai
阁沙梅岛(苏梅岛)北部 Northern Samui
曾蒙海滩 Cheong Mon
阁沙梅岛(苏梅岛) Koh Samui
阁沙梅岛(苏梅岛)南部 Southern Samui
纳通市 Nathon
阁帕岸岛(帕岸岛) Koh Pha Ngan
阁道岛(龟岛) Koh Tao

餐厅在路口有特大招牌，很容易找。

采访当日下午3时面已卖完，只剩米粉，也很爽滑弹牙，也值得推荐。฿40

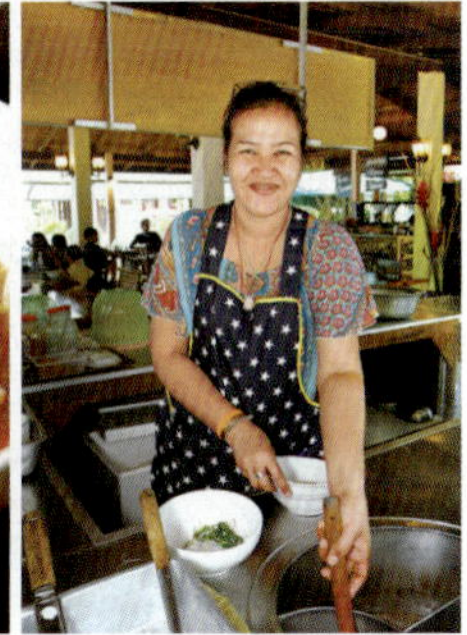

亲切的老板。

01 当地人推荐牛肉面 Baan Lamon

MAP P.188 C3

这间位于阁沙梅岛（苏梅岛）水族馆外的小餐厅，外表不怎么起眼，但这里的招牌牛肉面却是阁沙梅岛（苏梅岛）家喻户晓的。只需 ฿40 的牛肉面，汤的分量不多，感觉像干面，但汤底牛肉味极浓，吃时可配上生芽菜和金不换，令汤底味道更鲜。由于这里实在太有名，所以牛肉面很早便售罄，要吃就要趁早。

快速寻找

Samui Aquarium外路口。

资料

地址: Moo 2, Tambon Maret, Amphur Koh Samui, Suratthani
泰文地址: หมู่ 2 ตำบลมะเร็ต อำเภอ เกาะสมุย สุราษฎร์ธานี
电话: +66-77-233-146
营业时间: 8:30~22:00
休息: 无休息日

芽菜任吃，可趁热放在汤内轻灼或生吃也好。

这辆似曾相识的福士van，迷倒不少车迷。

由椰壳加工制成的手表，是店内最具人气的商品。฿600

商店位于传统阁沙梅岛（苏梅岛）小屋内，上层是民居，下层经商。

由蛇骨制成的项链。฿800

02 自然风礼品 ZER

MAP P.188 C3

老板为澳洲移民，在阁沙梅岛（苏梅岛）已定居6年，开设了这家自家制的工艺品店，工艺品都由自然取材制成，包括蛇骨制的颈链、海滩上的贝壳、椰子壳制成的手表等，充满热带小岛风情。店面由木材搭建，却放了两辆超可爱的古董车，令整间店有了复古的感觉。

快速寻找

Hua Thanon 7-11附近。

资料

地址: 215 Moo 1, Tambon Maret, Amphur Koh Samui, Suratthani
泰文地址: 215 หมู่ 1 ตำบลมะเร็ต อำเภอเกาะสมุย สุราษฎร์ธานี
电话: +66-77-232-121
营业时间: 9:00~21:00
休息: 无休息日

眼镜蛇是相当危险的品种，这位饲养员因被蛇咬而截掉了3根手指。

工作人员还会带眼镜蛇接近观众供人拍照，但笔者没有这个勇气。

03 人蛇大战 蛇园

MAP P.188 A3

快速寻找

Ping Ka Road和4171公路路口。

把蝎子放在面上只是前戏，饲养员之后还将它放入自己裤内。

位于阁沙梅岛（苏梅岛）西南面的蛇园，是岛上少有的表演剧场，场内养殖数十种蛇和其他爬虫类动物，很多还带有剧毒，可供游人近距离接触。蛇园每日有3场惊心动魄的表演，包括与眼镜蛇作战，生吞蝎子和蜈蚣，看着饲养员把蛇驯得服服帖帖，非常精彩，表演后观众更可跟蛇合照，适合胆大人士。

资料

地址：88/3 Moo 4, Tambon Taling Ngam, Amphur Koh Samui, Suratthani
泰文地址：88/3 หมู่ 4 ตำบลตลิ่งงาม อำเภอเกาะสมุย สุราษฎร์ธานี
开放时间：11:00~15:00　休息：无休息日
电话：+66-77-423-247
入场费：成人฿300、小童฿200
表演时间：11:00、12:30、14:00
网址：**www.samuisnakefarm.com**

入口极度简陋，令本已怕蛇的笔者入场时更惊，害怕会有蛇从天而降。

专门在红树林出没的Mangrove Cat Snake。

在东南亚一带栖息的水巨蜥，它们只吃鱼和雀鸟。

大象游的出发站，半日游连接送收费฿1700。

游客能抱着小老虎拍照。

游客可站在桥上以冰鲜鸡喂饲鳄鱼。

快速寻找

4169及4173公路交界附近。

04 纳蒙探险公园 Namuang Safari Park

MAP P.188 B2

主题公园位于纳蒙两瀑布的南面，内设鳄鱼园，每日提供多场表演，游客可在桥上以冰鲜鸡喂饲鳄鱼，相当惊险。公园设有半天团带游客往山上的Magic Garden。不过，Safari Park最大卖点并不在这里，由于瀑布位于80米的山上，前往的行车路也相当颠簸，所以只能乘坐3个多小时大象登山，为旅程最精彩之处。

资料

地址：25/11 Moo 4, Tambon Namuang, Amphur Koh Samui, Suratthani
泰文地址：25/11 หมู่ 4 ตำบลหน้าเมือง อำเภอเกาะสมุย สุราษฎร์ธานี
电话：+66-77-424-663
开放时间：9:00~17:00
休息：无休息日
网址：**www.namuangsafarisamui.com**

黑色的爬山沙滩车让游客租用来登山，备有头盔，十分安全。

多条赛道都使用同一起点线，既安全又能一较高下。

驾驶前，工作人员先详细讲解沙滩车的操作方法。

公园设有多条赛道让各参赛者分别使用，避免发生意外。

05 纳蒙ATV公园 Samui Namuang ATV Park

MAP P.188 C2

从 4169 公路通往山顶的路异常崎岖，公园提供适合山上行驾的四驱车沙滩车租赁，让游客可自行驾驶至山上各景点和餐厅。即使不打算上山，园内也设有多条起伏不平的赛道，让游客能在越野场上一较高下，2 小时沙滩车游收费 ฿2500。

快速寻找

4169沿Magic Garden路牌登山。

资料

地址： 49 Moo5, Tambon Namuang, Amphur Koh Samui, Suratthani
泰文地址： 49 หมู่ 5 ตำบลหน้าเมือง อำเภอเกาะสมุย สุราษฎร์ธานี
开放时间： 9:00~18:00 **电话：** +66-77-424-729 **休息：** 无休息日 **网址：** 没有提供

06 纳蒙瀑布1 Namuang Waterfall 1

MAP P.188 B2

瀑布旁的石头非常湿滑，跳水、游泳也有一定危险。

虽然阁沙梅岛（苏梅岛）上有多个大小瀑布，相比之下，Namuang Waterfall 1 位置最容易前往，40 米高、20 米宽的瀑布，气势非凡，吸引很多西方游客来跳水和游泳，感受最原始的大自然气息。不过，由于瀑布底藏有很多大石，打算跳水的朋友还请三思。

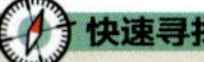
快速寻找

4169沿Namuang Waterall 1路牌登山。

资料

地址： Tambon Namuang, Amphur Koh Samui, Suratthani
泰文地址： ตำบลหน้าเมือง อำเภอเกาะสมุย สุราษฎร์ธานี
电话： 没有提供 **开放时间：** 24小时
休息： 无休息日

瀑布入口相当易找，在停车场直接进入便是。

外国人喜欢在旁边脱掉衣服便跳下水，不过也要注意安全。

鹦鹉踏单车，非常可爱。

鹦鹉懂得拾啤酒罐扔入垃圾箱，其实两只鹦鹉正在比赛。

只有手掌般大的小猕猴最受女游客欢迎，个个争相合照。

07 水族馆和老虎园 Samui Aquarium & Tiger Zoo

MAP P.188 C3

虽名为水族馆和老虎园，但规模俨如小型动物园，除了上述设施外，园内还有比香港海洋公园更精彩的雀鸟表演，各种形态万千的雀鸟能做出不同难度的表演，踏单车、竞技大赛等不在话下，还有刻意犯错引观众发笑的恶搞表演。此外，凶悍的老虎也会表演跳火圈等高难度动作，保证令人目不暇接。

每场表演均座无虚席，相当受游客欢迎。

园内有很多珍贵雀鸟，如照片中的猫头鹰宝宝。

快速寻找

沿4170公路左转Laem Set Road约1分钟即见。

资料

地址：33/2 Moo 2, Tambon Maret, Amphur Koh Samui, Suratthani
泰文地址：33/2 หมู่ 2 ตำบลมะเร็ต อำเภอเกาะสมุย สุราษฎร์ธานี
开放时间：9:00~18:00　表演时间：13:30
电话：+66-77-424-017　休息：无休息日
入场费：成人฿600、儿童฿300
网址：**www.samuiaquariumandtigerzoo.com**

老虎也会跳火圈，不过时有不听话的场面出现，十分惊险。

喂饲小象是泰国动物园的常见活动。

水族馆内也有些珊瑚鱼，即使不潜水也可以看到。

表演人员甚至跟老虎亲吻。

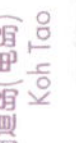

在旁边的寺堂正中摆放了这尊木乃伊。

每座寺庙开光时，均会把名为“佛祖之心”的金球放进地底。

这座是新加建的寺庙，还未正式开光。

寺庙内可求签，外面则有专人解签。

08 寺中木乃伊 Wat Kunara Samui

MAP P.188 B3

岛上最受当地人欢迎的寺庙就是 Wat Kunara，单看外表没什么特别，原来里面摆放了一尊 30 多年的木乃伊，迄今仍保持原貌。木乃伊其实是一名 50 岁才决定出家的僧人，修行 20 多年终修成正果，有日预知自己将会辞世，便嘱托亲朋把他这样展出，以教育后人只要遵从他的修行方式，圆寂后便能脱离苦难。

快速寻找

4169公路近4173公路交界。

资料

地址：Moo 3, Tambon Namuang, Amphur Koh Samui, Suratthani
泰文地址：หมู่ 3 ตำบลหน้าเมือง อำเภอเกาะสมุย สุราษฎร์ธานี
电话：+66-77-424-489
开放时间：24小时
休息：无休息日

在蓝天下的金塔，特别悦目。

09 海旁的金塔寺 Buddha Chedi Laem Sor

MAP P.188 B4

这座位于阁沙梅岛（苏梅岛）最南端的佛寺，由 12 个部分组成，其中 1908 年落成、吴哥味浓的石塔和 1968 年完成的金塔最为瞩目，驾车路过也不妨进来看看。

这里正是阁沙梅岛（苏梅岛）的最南端。

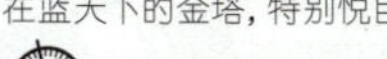

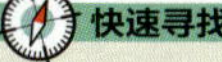

快速寻找

4170公路转入Lam Soh Road至尽头。

资料

地址：Lam Soh Road, Tambon Namuang, Amphur Koh Samui, Suratthani
泰文地址：ถนนแหลมสอ ตำบลหน้าเมือง อำเภอเกาะสมุย สุราษฎร์ธานี
开放时间：24小时

爱拍照的朋友，谨记要带备长焦镜头。

10 蝴蝶园 Samui Butterfly Garden

蝴蝶园设于 Centara Villas 酒店对面，隶属于 Centara 集团，园内有 2800 平方米的热带园林，设有多个泰式亭楼和瀑布小桥，非常适合蝴蝶栖息和繁殖。另有蝴蝶标本园，并有职员介绍各种蝴蝶的品种和繁殖过程，别具教育意义。此外，园内也有蜜蜂园，游人可以近距离观赏采蜜。

进入蝴蝶园，先要穿过用以防止蝴蝶飞走的铁链帘。

园内设有多个亭子，是游人和蝴蝶最喜欢的歇脚点。

蝴蝶采花蜜时，最容易捕捉拍照。

快速寻找

Centara Villa正门对面。

资料

地址：111 Moo 2, Tambon Maret, Amphur Koh Samui, Suratthani
泰文地址：111 หมู่ 2 ตำบลมะเร็ต อำเภอเกาะสมุย สุราษฎร์ธานี
入场费：成人฿200、小童฿120
开放时间：8:30~17:30
电话：+66-77-424-020
休息：无休息日

活动以安全第一，就算采用不同的姿势游玩也是十分安全的。

玩完飞索之后，终点站就是Namuang Waterfall 2，客人可以在这里尽情戏水消暑。

11 在森林中飞翔 Sky Fox Cable Ride

MAP P.188 C2

Sky Fox Cable Ride 是阁沙梅岛（苏梅岛）最刺激的玩意之一，在安全索引的带领下，客人可以体会到在森林高树之间飞翔的滋味，路线全长 600 米，共分为五段，每段的刺激度也不同，玩得熟练的话，更可以表演花式飞行呢。

快速寻找

免费酒店接送服务。

资料

地址：邻近Namuang Waterfall 2　泰文地址：没有提供
电话：+66-77-422-667　开放时间：每日三场：10:00、13:00、16:00
网址：**www.skyfoxsamui.com**　收费：฿1700

想追求刺激、速度感又不想下海，来玩Sky Fox Cable Ride就对了。

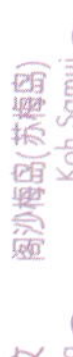

海天一色的风光，配上泳池和白色小屋，十分悠闲。

12 纳林达别墅 Villa Nalinadda

MAP P.188 C3

风靡一时的韩剧《浪漫满屋》，以海旁的白色小屋取景，从此这种小屋便成为很多人心中浪漫的定义。远在数千公里外的阁沙梅岛（苏梅岛），这间只有9间房的小酒店，同样以白色独立小屋为卖点，配上颜色变化多端的大海，加上房内简洁而精致的摆设及阁沙梅岛（苏梅岛）独特的热带风情，深得新婚蜜月夫妇喜欢。

设计精美的三色香皂，叫人很想带走。

资料

地址：399/1-4, Tambon Maret, Amphur Koh Samui, Suratthani
泰文地址：399/1-4 ตำบลมะเร็ต อำเภอเกาะสมุย สุราษฎร์ธานี
电话：+66-77-233-131 网址：www.nalinnadda.com 房间数目：9间
SPA服务：有 沙滩：有(公用) 主要设施：餐厅、游泳池等 房价：฿3900起/晚

落地玻璃窗的大堂，加上绿草的衬托，感觉浪漫。

无论在书台、床上还是浴缸里均能看见海景。

酒店每日会送上新鲜水果供住客享用，但摆设比水果更吸引人。

室外设有淋浴间。

室外的浴缸，最适合鸳鸯浴。

房内也置有浴袍和保险箱。

阁沙梅岛(苏梅岛) Koh Samui
查汶 Chaweng
拉迈 Lamai
阁沙梅岛(苏梅岛)北部 Northern Samui
曾蒙海滩 Cheong Mon
阁沙梅岛(苏梅岛) Koh Samui
阁沙梅岛(苏梅岛)南部 Southern Samui
纳通市 Nathon
阁帕岸岛(帕岸岛) Koh Pha Ngan
阁道岛(龟岛) Koh Tao

甜品是炸香蕉配雪糕，口感一冷一热，非常特别。฿200

泰式亭子式的餐厅设计，环境相当开阔。

海滩停靠了多艘阁沙梅岛（苏梅岛）传统渔船，在喧闹的北部根本无法找到。

13 阁沙梅岛（苏梅岛）最美的日落餐厅 The Five Islands

MAP P.188 A3

阁沙梅岛（苏梅岛）上，只有西面才能看到日落美景，这间餐厅正坐落于阁沙梅岛（苏梅岛）的西南面，夕阳在5个外岛中间慢慢沉入海中，绝对是岛上最美的日落景致。

餐厅位于海旁，所有餐桌均能坐享日落美景，甚至可在沙滩上用餐。餐厅旁边便是阁沙梅岛（苏梅岛）最原始的渔村，海旁停满一艘艘色彩缤纷的长尾船，景致如诗，带情人来享用一餐高水准的泰式Fusion菜，一定浪漫温馨。

快速寻找

沿4170公路转入Elephant Gate，再右转约5分钟车程即见。

资料

地址：348 Moo 3, Tambon Taling Ngam, Amphur Koh Samui, Suratthani
泰文地址：348 หมู่ 3 ตำบลตลิ่งงาม อำเภอเกาะสมุย สุราษฎร์ธานี
电话：+66-77-415-359
营业时间：12:00~21:00
休息：无休息日
网址：**www.thefiveislands.com**

两人分量的头盘，其中炸春卷最美味。฿360

青咖喱炒蟹，拌上白饭更是美味。฿390

餐厅的特饮Cinderella，由橙汁调制而成。฿120

滋味十足的焗椰子海鲜，椰香味渗透海鲜。฿490

Conrad位置绝对是自成一体，如果想追求远离烦嚣的度假感觉，这里是不错选择。

14 阁沙梅岛康莱德度假村 Conrad Koh Samui

MAP P.188 A3

2011年10月开业的Conrad Koh Samui，位处阁沙梅岛（苏梅岛）的西南角，附近没有其他大型度假村，和各主要沙滩也有一定距离，再加上依山势而建，前临一望无际大海，绝对可以称得上阁沙梅岛（苏梅岛）上真正的世外桃源。

Conrad集团都是标榜优质服务及华丽设施，这间Conrad Koh Samui面积广达260000平方米，但就只有66间独立式别墅，拥有大量的开放式公共空间，走在其中就如走在森林公园一样。房型方面，主要分为独栋及联排两种，所有别墅都拥有无敌海景，部分更附有至少长达10米的私人泳池，而面积则由约1000平方米起，设计上走奢华风的泰式传统路线。特别一提，度假村内的多间餐厅在当地也很有名气，不要错过品尝美食的机会。

海天一色的风景，是康莱德度假村的卖点之一。

宽阔的浴室，设有大型浴缸。

部分海景别墅附设有无边私人泳池，绝对是最奢华的享受。

情侣的话，选择这种附有双人海景浴缸的观海别墅就最适合了。

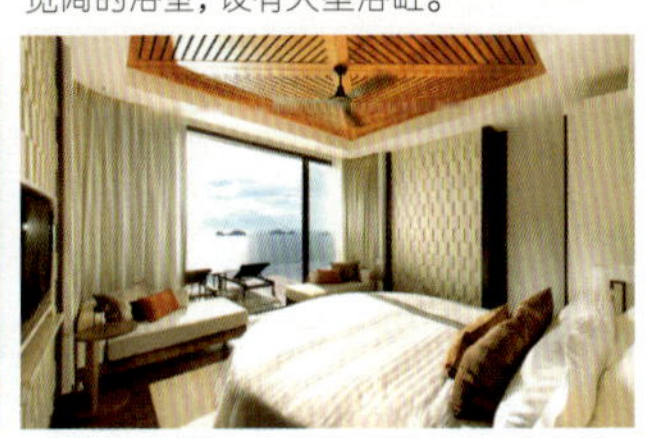

客房的面积十分广阔，设计则走白色简约自然风，舒适而带点时尚感。

快速寻找

度假村距机场约40分钟车程。

资料

地址：49/9 Moo 4, Hillcrest Road, Taling Ngam, Samui, Thailand 84140
泰文地址：49/8-9 หมู่ 4 ถนนฮิลล์ เครสต์ ต.ตลิ่งงาม, เกาะสมุย 84140, ไทย
电话：+66-77-915-888 网址：conradkohsamuiresort.com 房价：฿21352起/晚

度假村的另一特色就是设有私人码头，是唯一提供机场快艇接送服务的岛上度假村。

15 班达灵岩洲际酒店 Inter Continental Samui Baan Taling Ngam Resort

MAP P.188 C3

2012年2月开业的阁沙梅岛（苏梅岛）班达灵岩洲际酒店(InterContinental Samui)，洲际是世界知名的顶级酒店集团，旗下的品牌都是以高品质、服务出色及贴心闻名，这间集团最新的度假村当然也不例外，而且装潢方面更充满了热带度假氛围，置身在椰林树海之中，绝对是最佳的度假享受。

整个度假村共有79间客房，当中除了选择最多，面积由67至120平方米的度假客房及套房外，另有十多座独栋式两房型别墅，当中部分更附设私人泳池，而面积最大的一间就是在2012年年底开放的三房双层别墅“Napa Reserve Villa”，总面积达320平方米，更有一个超大型私人泳池。

度假村前方就是沙滩，这里的外来客极少，有如私人沙滩一般。

SPA也是不能错过的，度假村的SPA房设计开阔，可以在做SPA的同时欣赏风景。

装修典雅的主餐厅“Amber”，以供应泰式料理为主，逢周五更有泰国主题之夜，请来舞蹈员表演泰国舞。

与集团其他酒店不同，这里的装潢都以泰国热带风情为主，但也不失华丽感。

度假村临海而建且海拔高，在“Air Bar”小酌一杯，大海景色一览无遗。

快速寻找

度假村距机场约45分钟车程，位于Taling Ngam Beach。

资料

地址：295 Moo 3, Taling Ngam Beach, Suratthani, Koh Samui, 84140, Thailand
泰文地址：295หมู่ 3 84140,ตลิ่งงาม,เกาะสมุย สุราษฎร์ธานี,ไทย
电话：+66-77-429-100　网址：samui.intercontinental.com　房价：฿7200起/晚

虽然房间编排颇密，但设计顾及空间感，所以私密度颇高。

16 X2度假酒店 X2 Samui

MAP P.188 C3

综览阁沙梅岛（苏梅岛）上大小酒店，X2 算是岛上数一数二的风格酒店，单是酒店和餐厅的命名已见标新立异。这家由泰国本土设计师设计，入选“2008 年 Design Hotel”，没有传统酒店的感觉，每一处设计都极尽创意。当 iPod 播放器在各大酒店成为必见潮物之际，X2 已大玩 Apple TV。

快速寻找

南部Hua Thanon，清真寺附近。

资料

地址：442 Moo 1, Hua Thanon, Tambon Maret, Amphur Koh Samui, Suratthani
泰文地址：442 หมู่ 1 หัวถนน ตำบลมะเร็ต อำเภอเกาะสมุย สุราษฎร์ธานี
电话：+66-77-233-033　网址：www.x2resorts.com
房间数目：27间　SPA服务：有　沙滩：有(公用)
主要设施：餐厅、酒吧、商店、会议室、游泳池等
房价：฿4550起/晚

黄昏时分，大堂配合灯光效果，又是另一种感觉。

虽然大玩设计，但大堂内也不乏绿色元素。

突破传统，大堂全以吊椅作座椅，绝对少见。

如果没有门牌，或许也很难令人联想到这是酒店的正门。

单是酒店大门，已见设计出众，难怪能够入选年度设计酒店。

3大房型推荐：

小屋外设有私人花园，并设有沙发和餐台连椅。

睡床置于木地板上，颇具创意。

16a 花园别墅 Garden Villa

房间采用阶梯式设计，每部分都由拉合式闸门分隔，分为室外花园、睡房、浴缸和浴室，开放式的设计加上房价不贵，最适合小情侣入住。

资料

房价：฿4550起/晚

除了浴缸外，还设有淋浴设施。

浴室外恍如竹林，充满大自然气息。

房间外空间感不俗，沙发后的窗帘也能打开。

除了淋浴设施外，房间亦设有大型浴缸。

16b 泳池别墅 Pool Villa

共有21间，为酒店最受欢迎的房型。房间均设宽阔的私人泳池、室外休憩沙发和太阳椅，其中浴室和睡房均与室外部分相连，相当方便，房间内外也栽种了不同植物，感觉舒服。

资料

房价：฿10010起/晚

所有房间均设Apple TV，除可听歌，还有多套电影可以免费观看。

睡房相当宽敞，后面的竹林也突显自然气息。

浴室直通泳池，方便游泳后直接前往冲澡。

室外空间广阔，除了休憩也可用餐和晒日光浴。

16c 泳池套房别墅 Pool Suite Villa

只有一间的 Pool Suite Villa，设施极齐备，除了主人房外，还有浴室和起居室，外设泳池和室外浴缸，所有房间的分隔板都可以打开，空间感极佳。

资料

房价：฿13860起/晚

起居室和睡房的空间可以全部打通。

室外浴缸，喜欢浪漫的情侣更可加上花瓣。

睡房设计虽较为简朴，却非常舒适。

起居室的灯，可以随个人喜好拉下来。

附设餐饮、水疗及设施推荐：

餐厅使用多种建筑材料盖建而成，十分特别。

16d 4K餐厅及酒吧 4K Restaurant & Bar

注意，当你向路人或店员查询酒店餐厅时，请谨慎发音。这家与英语粗口谐音的 4K，是酒店的主餐厅，提供不同菜式，除了泰菜外也有世界不同地方的菜式。餐厅以全沙发设计，而且面临无敌大海景，徐徐海风配合晚上的灯光，感觉极佳。

资料

营业时间：7:00~23:00

每张餐桌间均有很宽敞的距离，不会受其他食客影响。

傍晚时分配合灯光，餐厅特别华丽。

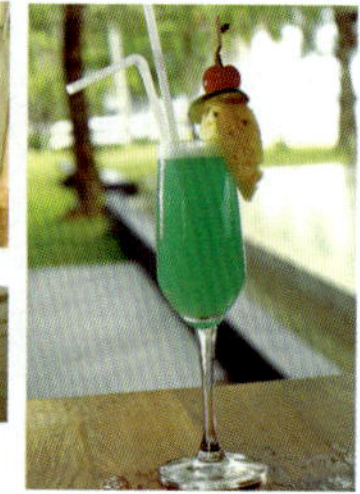
酒店特饮4K Kiss，入口颇甜。฿180

16e X2水疗中心 X2 SPA

酒店附设的水疗中心共有 3 间房，提供不同种类的按摩、脸部护理等疗程。针对蜜月情侣，特别推出不同的水疗套餐。疗程用的产品都来自泰北的天然材料，不但品质高还超值。

治疗室的内部设计简洁，但内设蒸汽室、浴缸和洗手间。

资料

营业时间：9:00~19:00

推荐疗程：X2 Chill Out ฿1800/60分钟

16f 游泳设施 Swimming Facilities

如果选择住在 Garden Villa，或喜欢较大活动空间的，可以到海旁的大泳池畅泳。虽然酒店外面就是海滩，但泳池景色也不俗。

泳池设计时尚，烈日下在浅水区泡着看书也不俗。

相对其他酒店的海滩，这里真的有一点差强人意。

酒店设有3个泳池，其中这个配合酒店主题，置有不少蝴蝶摆设。

阁沙梅岛（苏梅岛）少见的将嫩绿椰子作为迎宾的饮品。

酒店正门充满花园气息，对面就是蝴蝶园。

17 森塔拉别墅酒店 Centara Villa Samui

MAP P.188 C3

跟前文介绍的 Centara Grand Beach Resort 属同一集团，位于阁沙梅岛（苏梅岛）南部，已有多年历史，最近重新装修，客房焕然一新！全部房间均以别墅式设计，分布在海旁的小山冈上，酒店更附设蝴蝶园，周围鸟语花香，房间和店内布置均以花和蝴蝶为主题，配上鲜艳活力的颜色，恍如活在花园中。

酒店独享私人海滩，不过采访当天遇着暴风，所以没有开放。

大堂铺上棕色地砖，典型泰国味道。

快速寻找

阁沙梅岛（苏梅岛）南部Hua Thanon，由机场坐车前往约30分钟。

资料

地址：111 Moo 2, T. Maret, Natien Beach, Amphoe Koh Samui, Suratthani
泰文地址：111 หมู่ 2 ตำบลมะเร็ต หาดนาเทียน อำเภอเกาะสมุย สุราษฎร์ธานี
电话：+66-77-424-020
网址：www.centarahotelsresorts.com/csv
房间数目：100间　SPA服务：有　沙滩：有(酒店私家)
主要设施：餐厅、酒吧、游泳池、图书馆、会议室等
房价：฿5500起/晚

4大房型推荐：

虽然设计简约，但配上壁画点缀，顿时感觉不同。

浴室设计时尚，而且十分干净。

室外的太阳椅刚好能承托整个身体，十分舒适。

17a 花园别墅 Garden Villa

共有40栋小别墅，房内设计以简洁的白色为主题，设有特大双人大睡床和沙发床，最多可供2名大人和1名儿童入住，房间外还有小阳台。

资料

房价：฿5500起/晚

全部独立小别墅，私密度极高。

室外露台活动空间颇广阔，待在房间一天也没问题。

17b 泳池别墅 Pool Villa

是酒店中唯一设有私人泳池的房型，房外木质露台更设有特大沙发床和太阳椅。

资料

房价：฿10000起/晚

浴室也设有浴缸，两人同时浸浴也没有问题。

阳台的空间阔落，除了可以与阳光玩游戏之外，也可以在这里用餐或喝香槟。

17c 水疗别墅 SPA Villa

只设有9间，房外阳台设有私人按摩池和太阳椅，而且面对花园美景。浴室只设淋浴设备，要享受浸浴就要到按摩池了。

资料

房价：฿9000起/晚

双人床的房型感觉较阔落。

情侣当然选择King Size床。

浴缸设计颇为特别，与淋浴设施共用。

17d 豪华别墅 Deluxe Villa

共有32间，其中21间为King Size床，11间为双人床，房间设计以翠绿色和白色为主，自然味道很浓。

资料

房价：฿10500起/晚

附设餐饮、水疗推荐：

以马铃薯为底座的柠檬草配鲜虾，造型美观，但分量略嫌少了一点。฿380

杂饰拼盘，最美味的还是前面的炸虾包。฿335

前面是以橙酒调制成的Orange Cool，后面则是蓝色夏威夷鸡尾酒，笔者较喜欢后者。各฿180

17e 主题晚餐 The Reef Café

位于海滩旁的餐厅，提供各国美食，晚上更推出主题晚餐。餐厅分为室内、室外两部分，不过即使天气不佳，室外也可以拉起白色布帘，吹着海风，一样舒服。

资料

营业时间：6:30~22:30

室外部分晚上会拉起布帘，燃起烛光，非常浪漫。

中心正门环境清幽，并种有荷花。

双人房的设施齐备，并备有私人洗手间。

双人房内这个花瓣浴，最吸引情侣。

按摩油有多种味道，用过后喜欢也可以买回去。

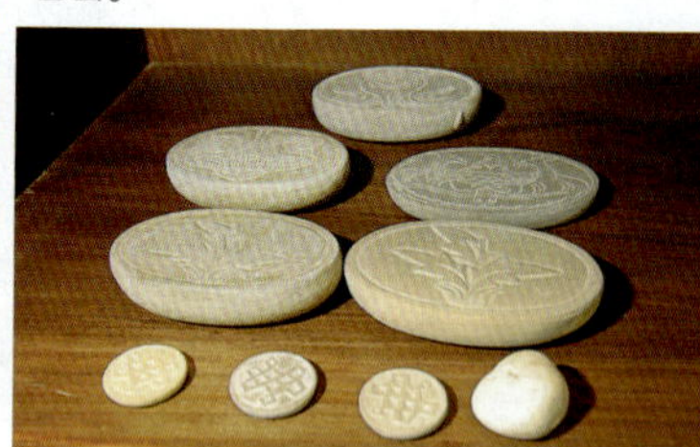

这里使用的喜马拉雅山石以白色为主，同样刻有不同图案。

17f 大卖天然环境 SPA Cenvaree

跟 Centara Grand 一样，水疗中心也是 Cenvaree 品牌，也是以自然为主题。5 间治疗室分布在两层高建筑中，其中 3 间是单人房，另外两间是适合情侣使用的双人房。疗程使用的产品也是澳大利亚品牌 Jurlique，而按摩油则是自家制，中心最著名的疗程是混合了喜马拉雅山石精华的热石按摩。

资料

营业时间：9:00~20:00

中心处处设计别致，这个洗手盆就以云石打造，形状也特别。

疗程使用的材料均取自天然。

推荐行程

观光

美食

时间：2-3小时

建议下午时分到达，先逛逛纳通市内的街道，感受最传统的阁沙梅岛（苏梅岛）风味，黄昏时，再到海旁夜市品尝地道小吃。

交通范例

从查汶乘双排车或出租车前往约30分钟，车费约฿400。

政治经济中心纳通市

别以为热闹的查汶是阁沙梅岛（苏梅岛）的政治和经济中心，其实西面的纳通市才是阁沙梅岛（苏梅岛）真正的大门，也是阁沙梅岛（苏梅岛）市政府机关和银行的基地，岛上居民也经常前往纳通办理各项文件手续。

纳通市也是昔日移民来阁沙梅岛（苏梅岛）时最早的登陆点之一，今日在纳通市还可找到最传统的木建筑，里面仍住着经历数个世代的海南移民，甚至是阁沙梅岛（苏梅岛）上唯一可以找到汉字的地方。这里没有高级酒店，也没有西式格调的餐厅，换来的是另一番淳朴与苍凉的味道。

01 Baan Sai Klang
02 欣叻瀑布
03 大约翰海鲜店
04 纳通市场
05 Senssual Chic
06 Will Wait Restaurant Nathon
07 纳通夜市
08 Jit Restaurant
09 咖啡岛

商店左侧摆放各式泰式日用品，礼品之选。

另一面则是各式佛教用品。

01 地道工艺小店 Baan Sai Klang

MAP P.208 B3

商店位于纳通市内最具地域特色的 Anthong Street，一栋木屋的下层，以售卖泰国特色的佛教工艺品为主，也有售各式泰国风的日用品，包括在酒店常见的三角枕头、泰式丝巾甚至古董用品。

商店极具阁沙梅岛（苏梅岛）传统特色，里面还带有少许中国味道。

可爱的和尚玩偶，在家中放杂物零钱也可。฿250~300

快速寻找

Anthong Road往南第二个街口后即见。

资料

地址：118 Moo 3, Tambon Anthong, Amphur Koh Samui, Suratthani

泰文地址：118 หมู่ 3 ตำบลอ่างทอง อำเภอเกาะสมุย สุราษฎร์ธานี

电话：+66-77-426-122　营业时间：9:00~17:00

休息：无休息日

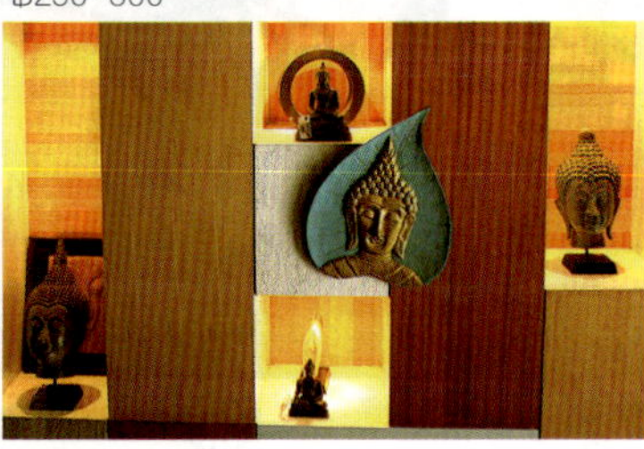

根据泰国法例，所有佛像均严禁出口，切勿以身试法。

02 欣叻瀑布 Hin Lai Waterfall

MAP P.208 C4

位于4172公路的尽头，游客下车后需穿越2公里的丛林小路才能到达，瀑布底下共有3个可供畅泳的水池。不过前往瀑布的小路非常闷热，一定要备足粮水和电话才可出发。如不想穿越丛林，也可参观4172公路旁边一家相当新颖和特别的寺庙Wat Nam Tok Hin Lad。

快速寻找

纳通市的南面，4172公路的尽头处，徒步约2公里。

资料

地址：68/3 Moo 2, Tambon Anthong, Amphur Koh Samui, Suratthani

泰文地址：68/3 หมู่ 2 ตำบลอ่างทอง อำเภอเกาะสมุย สุราษฎร์ธานี

开放时间：24小时　电话：没有提供

休息：无休息日

这只是小径的入口处，由于天气过于闷热，笔者最后也放弃了。

新建的寺庙Wat Nam Tok Hin Lad，白色的建筑有点西方味道。

进入瀑布的路相当闷热，还要爬过大石，颇为辛苦。

躺在中庭休息，时间很容易就流逝。

酒店的接待处，如纳兰王宫的大殿。

中庭的休憩间，住客可在此享用免费无线上网。

03 圣思雅水疗度假村 Santhiya Resort & SPA

MAP P.214 B1

阁帕岸岛（帕岸岛）的住宿选择不多，顶级的就更少，以泰北纳兰王朝为蓝本的Santhiya，酒店一梁一柱都以自然材料雕琢而成，有如古缅甸王朝的神殿，别具气势。坐在处处巧夺天工的木建大堂里，享受嫩绿的椰子和免费泰式按摩，非常惬意！住客还有泰国王室般的礼待，一踏进酒店，即有工作人员敲响铜锣通传接待处。

Santhiya位于阁帕岸岛（帕岸岛）的东北角，位处偏远，犹如深山中的皇宫。

快速寻找

Lomprayah码头乘专船直达(每位单程฿1500)。

资料

地址：22/7 Moo 5, Bantai, Amphur Koh Pha-Ngan, Suratthani
泰文地址：22/7 หมู่ 5 บ้านใต้ อำเภอเกาะพะงัน สุราษฎร์ธานี
电话：+66-77-428-999　网址：**www.santhiya.com**　房间数目：76间　SPA服务：有
沙滩：有(酒店私家)　主要设施：餐厅、酒吧、阅读室、游泳池等　房价：฿5790起/晚

酒店设有专用快艇接载住客来往阁沙梅岛（苏梅岛）和酒店专属码头。

每位客人进入大堂前，工作人员都会敲响铜锣，甚有气势。

等候办理入住手续时，工作人员会送上新鲜的椰子，在椰子天堂的阁沙梅岛（苏梅岛）却只有这酒店以嫩绿的椰子待客。

这些陶瓷玩偶是泰北特产，也是笔者最爱，在泰南小岛只有这里能看到。

6大房型推荐：

部分房间设有落地大玻璃，拥有180度环绕海景。

打开浴帘，房间每一角落都可以看到海景。

3a 圣思雅豪华客房 Santhiya Deluxe Room

酒店中最基本的房型，房间各处均以木材为材料，设有海景露台、淋浴间和浴缸。

资料

房价： ฿5790起/晚

房间内充满鬼斧神工的木雕，恍如置身古代皇宫之中。

摆放在浴室中的香熏，但味道不太重。

在群石之间设有浴缸，别出心裁，可惜不是按摩池。

房间采用落地大玻璃窗，让阳光渗入室内，环境恍如置身丛林之中。

浴室是唯一不采用木料为建材的地方，不过仍然保留原有风貌。

3b 圣思雅最高豪华套房 Santhiya Supreme Deluxe

酒店中最特别的两层高套房，只设一间。房间依山而建，保留着原始环境，昔日的巨石和树木也一一保留，备感自然。

资料

房价：฿14000起/晚

泳池概念来自丛林中的山涧，故特设石头在水中和池畔，也有室外浴缸让情侣享用。

睡房的设计，令人联想自己就是国王与王后。

3c 丛林主题泳池 Santhiya Hideway Pool Villa Suite

别墅非常宽阔，最适合情侣和蜜月夫妻入住。室外设有以丛林为主题的泳池，睡房与起居室相互连接，浴室则设于私密度极高的室外花园。

室外的洗手间，也有提供以古代设计为主的浴袍。

资料

房价：฿9350起/晚

室外也设有淋浴间，砖墙上的雕花充满泰北特色。

泳池面积相当大，完全没有阻挡，可以放心畅泳。

房间设计相当华丽，很花心思。

3d 圣思雅皇家豪华别墅套房 Santhiya Royal Grand Villa Suite

设有私人泳池的别墅，卖点是酒店中唯一拥有无边际泳池和小型瀑布，室外浴室也设有特大按摩池。

资料

房价：฿21060起/晚

泳池旁的小型瀑布，可当作水力按摩。

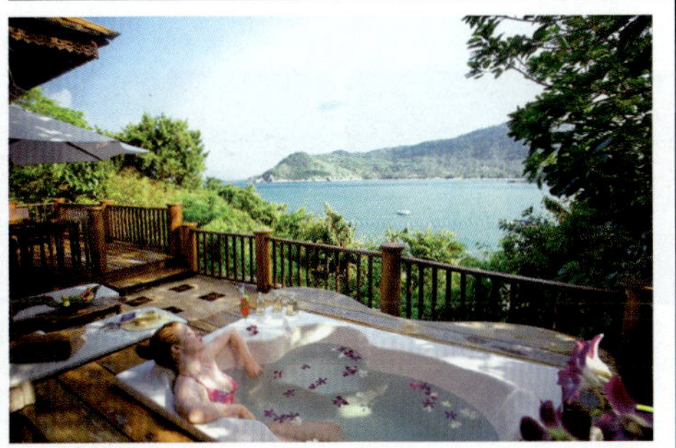
室外按摩池，私密度极高，可放心使用。

3e 圣思雅海景别墅套房 Santhiya Seaview Villa Suite

卖点是设有特大室外按摩池，即使没有泳池也可泡在水中享受全海景视野，更附有室外餐桌可供用膳和阅读。

资料

房价：฿12580起/晚

设于一楼的睡房，即使两对情侣入住也不受打扰。

3f 圣思雅豪华别墅套房 Santhiya Grand Villa Suite

别墅分为两层，虽然没有泳池，但每层均设有独立睡房 (King Size 床或单人床)，适合一家大小或是朋友共享。

资料

房价：฿17480起/晚

阁沙梅岛(苏梅岛) Koh Samui
查汶 Chaweng
拉迈 Lamai
阁沙梅岛(苏梅岛)北部 Northern Samui
曾蒙海滩 Cheong Mon
阁沙梅岛(苏梅岛)南部 Southern Samui
纳通市 Nathon
阁帕岸岛(帕岸岛) Koh PhaNgan
阁帕岸岛(帕岸岛) Koh Pha Ngan
阁道岛(龟岛) Koh Tao

附设餐饮、设施和水疗推荐：

头盘是3种泰国特色小吃，包括青木瓜沙拉、鸡肉沙嗲和大虾沙拉。฿350

晚餐附送的黑森林蛋糕和水果。

3g 海滨餐厅及酒吧 By the Sea & Bar

位于海滩畔的餐厅，提供泰式和新鲜海鲜佳肴，隔天晚上便有传统的火舞和歌舞表演，让顾客能够享受最地道的泰南文化。

这里的火舞表演比满月岛派对的更精彩。

餐厅面对大海，很多外国人喜欢开瓶白酒或香槟享受人生。

Fish Fillet Trilogy，由鲈鱼、三文鱼和银鳕鱼配独立酱汁和配菜，口感各有不同，其中以三文鱼最入味。฿750

Integrate Thai & International，顾名思义用泰国菜融合其他菜式，以青、红两种咖喱配上鳕鱼。฿650

笔者本来对这个面包毫无兴趣，怎料它热辣而且松软，结果一个人吃了两大碟。

资料

营业时间：10:00~20:30

3h 拉玛五世风格 Chantara Restaurant

位于山上的餐厅，以泰王拉玛五世时期的建筑风格为蓝本，室外坐拥一望无际的泰国湾海景，提供自助早餐兼各国美食为主的午、晚餐，更设专用酒窖。

室外环境非常怡人，海天一色。

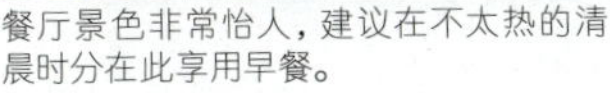

餐厅景色非常怡人，建议在不太热的清晨时分在此享用早餐。

资料

营业时间：7:30~22:30

3i 热带园林水疗 Aryurvana SPA

水疗中心贯彻酒店的泰北主题，让客人在热带园林中享受传统泰式疗程。共有3间治疗室、室外有泰式按摩区和蒸汽浴。所有产品均用手工制作，保证没有有害物质，客人也可要求在自己房间进行疗程。

中心的蒸汽室以落地玻璃设计，坐享270度海景。

治疗室一览。

水疗中心的入口，恍如进入丛林。

资料

营业时间：10:00~19:00

3j 游泳设施 Swimming Facilities

酒店设有泳池和私人沙滩，而泳池的设计也相当特别，以阶梯形设计，把泳池分为3区，让客人可以享受更多私人空间。

酒店的专属沙滩，水质极佳。

底层的泳池更有瀑布，泳客可以享受一下水力按摩。

从泳池的顶层向下回望，笔者通过这根平衡木时差点连人带相机落水。

04 满月夜必住 Pariya Haad Yuan

MAP P.214 B2

每逢满月派对举行当晚，Haad Rin 海滩附近酒店均会坐地起价，甚至要求客人连住数晚，即使入住，也得忍受派对的声浪。这间距派对举行场地只需 10 分钟船程的酒店，或许就是派对过后的最佳选择，保证在床上听到的只会是柔和的浪声。

快速寻找

阁帕岸岛（帕岸岛）东南部。

资料

地址：153/2 Moo 6, Haad Yuan, Ban Tai, Amphur Koh Phangan, Suratthani
泰文地址：153/2 หมู่ 6 หาดยวน บ้านใต้ อำเภอเกาะพะงัน สุราษฎร์ธานี
电话：+66-817-373-883　网址：www.pariyahaadyoan.com
房间数目：39间　SPA服务：有　沙滩：有(公用)
主要设施：餐厅、酒吧、游泳池等　房价：฿7000起/晚

室外放置大量超可爱的大象陶瓷。

大堂以水泥墙设计，配上画作和装饰品，即时变得时尚。

海旁也设有特大泳池，椰林树影。

采访当天，适逢数年难得一遇的清凉大风天气，所有小船停航，被逼乘坐1小时四驱车往酒店，沿途皆为泥路。

酒店位处的Haad Yuan海滩非常宁静，绝对是一个避世天堂。

房间设有2张床，适合一家人入住。

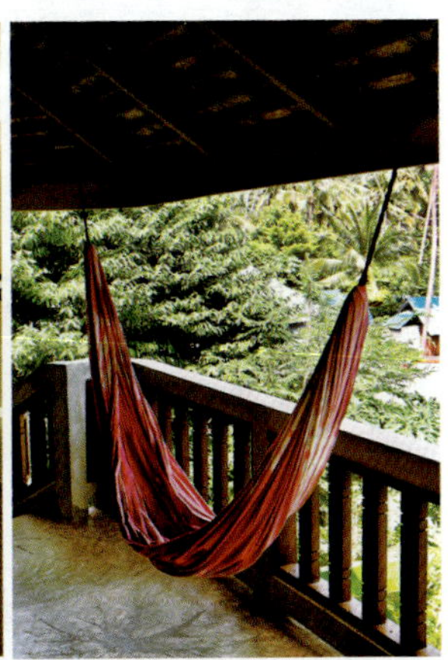
房间外的阳台设有吊床，可摇着摇着看大海。

九边形别墅
Deluxe Villa

酒店中数量最多的房型，共有19幢，每间别墅均以九边形设计，可容纳超过3人，内有King Size大床、室外淋浴间和浴缸。

房间外也设有休憩空间。

浴室置于房外，但建有围墙，设有浴缸和淋浴间。

资料

房价：฿7000起/晚

以泰菜为主的餐厅当然少不得冬阴功汤。฿220

泰式炸鸡脆，别被外貌骗到，入口其实非常香脆。฿120

鸡肉炒腰果，配上酸辣酱后味道可口不太辣。

4a 海边餐厅酒吧 The Palms

酒店附设的餐厅，位于海旁的泳池畔，提供以泰菜为主的午餐及晚餐，海边也设有酒吧，播放节拍十足的强劲音乐。

资料

开放时间：6:00~22:00

水疗室设有两个床位，情侣也可以一起享受。

4b 疗程选择多 PariyaSPA

酒店的水疗中心面积虽然小，但疗程选择颇多，更提供长达数日的疗程让长期住客选择。

资料

开放时间：11:00~22:00

图书馆内也能听到海浪声，乘着海风，很容易入睡。

4c 24小时开放 Library

酒店设有图书馆兼活动中心，可躺在软毡上看电影或阅读，相当惬意。

资料

开放时间：24小时

潜水胜地阁道岛（龟岛）

长久以来，这个距阁沙梅岛（苏梅岛）60公里的小岛都是无人荒地，甚至曾沦为流放政治犯的地方。直至1947年，有人冒死撑木船从阁帕岸岛（帕岸岛）前往阁道岛（龟岛），才替阁道岛（龟岛）开创历史。十年前的阁道岛（龟岛），只有简陋的小屋，没有道路，因被背包客发现这里极为美妙的海底世界，这里才成为旅游胜地，成为泰国近年最受欢迎的潜水天堂。

推荐行程

时间：1~2天

阁道岛（龟岛）活动只适合潜水爱好者，非潜水人士几乎没有其他选择。

第一天上午可先到附近的南缘岛浮潜，下午再到达阁道岛（龟岛），在Mae Haad找潜水公司安排第二天的水肺潜水。

交通范例

往返阁道岛（龟岛）交通

从阁沙梅岛（苏梅岛）前往阁道岛（龟岛），可从阁沙梅岛（苏梅岛）湄南区的Lomprayah码头，乘搭快速船，航程约1小时45分钟，船费约฿250。

阁道岛（龟岛）上交通

阁道岛（龟岛）的道路十分恶劣，除了邻近市镇一段有混凝土路外，其余路段均为泥石路，只有四驱车才能在天气好时行驶，绝不建议游客自驾(即使是四驱车)。

1. 酒店专车

最安全及最舒适，由于阁道岛（龟岛）上交通落后，大部分酒店均有专车接送乘客前往码头。

2. 四驱车出租车

对城市人来说，是非常特别的交通工具，由当地司机驾驶，乘客可选择坐在车内，或坐在车尾感受路上的起伏不定，来往各城镇车费฿100~150，上车前谨记议价。

3. 长尾船

岛上最方便的交通工具，十多分钟便能穿梭各大海滩，乘搭方法和出租车一样，但要注意上下船需要溅水，记得穿着短裤拖鞋，船费约฿1500。

Mae Haad Town

Seatran Discovery码头
汽车渡轮码头（往素叻他尼或春蓬）
Lomprava码头（往阁沙梅岛（苏梅岛）、阁帕岸岛（帕岸岛）或春蓬）
Pier Road
Chintana Clinic
Post Office
医疗中心

01 Café del Sol
02 Hydro Sapiens
03 Safari Pizza & Grill
04 嘉玛蕊度假酒店

01 岛上难得的欧陆菜 Café del Sol

MAP P.226 C1

餐厅位于阁道岛（龟岛）码头附近，已开业多年，是岛上少数注重装修，且品位和格调兼备的餐厅，法国移民的大厨，拥有十多年烹调法意菜式的经验，提供叫人吃不完的英式早餐、自家制鹅肝、薄饼和新西兰进口肉食，价格不贵之余水准也相当高，餐厅更提供免费无线上网服务。

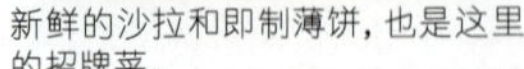
新鲜的沙拉和即制薄饼，也是这里的招牌菜。

意大利云吞配番茄酱，入口很香。

快速寻找

Jamahkiri办事处旁。

资料

地址：Mae Haad, Amphur Koh Tao, Suratthani
泰文地址：แม่หาด ตำบลเกาะเต่า อำเภอเกาะพะงัน สุราษฎร์ธานี
电话：+66-77-456-578　营业时间：8:00~23:00
休息：无休息日

餐厅位于阁道岛（龟岛）最大的市镇内，是家设计颇柔和的餐厅。

餐厅内设酒吧，提供不同种类的鸡尾酒。

店主自家设计的潜水主题T恤，只需฿280。

这件T恤充满恶搞成分，也只需฿280。

这幅画也是店主自家设计的，相当有特色。

02 意想不到的设计品牌 Hydro Sapiens

MAP P.226 C1

在宁静的阁道岛（龟岛），要找商店是件相当困难的事，这间在大街上的设计品牌店，却令所有人都傻眼。三个读设计出身的年轻人，二十岁出头就在岛上开店，售卖以潜水为主题的自家品牌T恤，还打算到澳大利亚开设分店，年纪轻轻就胸怀大志，值得支持。

笔者在夜晚发现这家店，也以为只是普通店家，怎料大有看头。

快速寻找

Siam City Bank斜对面。

资料

地址：Mae Haad, Amphur Koh Tao, Suratthani
泰文地址：แม่หาด ตำบลเกาะเต่า อำเภอเกาะพะงัน สุราษฎร์ธานี
电话：+66-813-420-411
营业时间：10:00~21:00
休息：无休息日

03 Safari 比萨及烧烤 Safari Pizza & Grill

MAP P.226 C1

一家供应烧烤餐的餐厅，所有肉食材料均由国外直接进口，然后经海路送往阁道岛（龟岛），餐厅非常受当地的外国人欢迎，游客经常在这里打发时间。

餐厅的橙色招牌非常醒目，不难找到。

餐厅的招牌比萨饼，非常多汁。

餐厅主打的烧烤拼盘，包括烧肋骨和牛油焗土豆，汁味香浓。

蛤蜊炒意粉，蒜香味非常突出，令人难忘。

快速寻找

码头旁7~11沿单程路步行约2分钟。

资料

地址：Mae Haad, Amphur Koh Tao, Suratthani
泰文地址：แม่หาด ตำบลเกาะเต่า อำเภอเกาะพะงัน สุราษฎร์ธานี
电话：+66-77-456-878
营业时间：11:00~次日1:00
休息：无休息日

12间由珊瑚石建成的小屋，依山势地形而建，很有地中海色彩的原始感觉。

04 嘉玛蕊度假酒店 Jamahkiri Resort

MAP P.226 A2

在尚未完全开发的阁道岛（龟岛），要找间有品质的酒店一点也不易，这间位于阁道岛（龟岛）南部依山而建的酒店，绝对是首选！拥有私人海滩，设有 12 间由珊瑚石建成的小屋，灰白色的墙身极富地中海情调，房内摆放各式艺术品，融合泰国传统文化及海洋元素，美得像精品酒店。

专人教授

来到阁道岛（龟岛）这个泰国最佳的潜水地，绝不能错过潜水，酒店的负责人正是潜水教练，自设潜水中心，提供单对单教授水肺潜水。酒店今年将会完成第二期工程，28 间新客房将陆续投入服务，潜水发烧友不容错过。

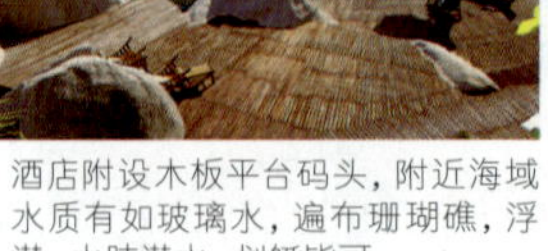

酒店附设木板平台码头，附近海域水质有如玻璃水，遍布珊瑚礁，浮潜、水肺潜水、划艇皆可。

酒店设有私人海滩，不过还是潜水比较吸引人。

在山上也设有大型泳池，喜欢游泳的朋友可以有多种选择。

充满泰国地道风情的摆设，叫人想带走。

酒店依山而建，美不胜收，代价是攀爬只能依靠楼梯！

资料

地址: 21/2 Moo 3, Amphur Koh Tao, Suratthani
泰文地址: 21/2 หมู่ 3 อำเภอเกาะเต่า สุราษฎร์ธานี
电话: +66-77-456-400　**网址:** www.jamahkiri.com
房间数目: 12间　**SPA服务:** 有　**沙滩:** 有(酒店私家)
主要设施: 餐厅、酒吧、游泳池、健身室等
房价: ฿5900起/晚

快速寻找

阁道岛（龟岛）南部。

2大房型推荐：

露台设计很有海洋特色，恍如置身海底行宫。

所有房型均设有按摩池，池边还有窗户可赏景。

床头摆放很多特色工艺品，相当悦目。

酒店会向每间房的客人送上一盘纪念品，包括钥匙扣、香包和扣针。

4a 海景露台 Deluxe Pavilion

房间可选择两张单人床或一张 King Size 床，设有海景露台和按摩池，如果同时租用两间房间可以连接两层，方便一家大小。

资料

房价：฿7900起/晚

两层均设有阳台，可双双享受日光浴。

楼梯连接两层，非常方便。

上层睡房是King Size床设计，可要求摆放蜜月布置。

下层睡房设于楼梯的后方，私密度高。

4b 家庭套房 Family Suite

共占两层，内置两间睡房、特大起居室和吧台，室内浴室和室外阳台皆设有按摩池，非常适合一家人或朋友一起入住。

资料

房价：฿13900起/晚

阁沙梅岛(苏梅岛) Koh Samui
查汶 Chaweng
拉迈 Lamai
阁沙梅岛(苏梅岛)北部 Northern Samui
曾蒙海滩 Cheong Mon
阁沙梅岛(苏梅岛)南部 Southern Samui
纳通市 Nathon
阁帕岸岛(帕岸岛) Koh Pha Ngan
阁道岛(龟岛) Koh Tao

附设餐饮、水疗推荐：

餐厅附近置有很多动物雕塑，恍如置身动物园。

头盘拼盘相当丰富，只需฿280。

卖相不太好看但味道不错的酸辣鱼。฿320。

4c 嘉玛蕊餐厅 Jamahkiri Restaurant

位于酒店大堂，是阁道岛（龟岛）有名的餐厅之一，除了自助早餐外，也提供以泰式为主的午餐及晚餐，四周置有很多可爱的猩猩雕塑，置身其中感觉有如身处丛林乱石之中，餐厅更设有酒窖和无线上网服务。

资料

开放时间：7:00~23:00

从餐厅眺望出去景色怡人，放眼望去全都是未开发的自然风貌。

餐厅内部设计有原始洞穴感觉，配上灯光更有点迷幻。

吧台设计也很原始。

室外设有按摩池可供休憩。

中心的接待室使用粉红色设计，颇摩登。

中心设有美容专区，女士最爱。

4d 嘉玛蕊水疗中心 Jamahkiri SPA

酒店附设的水疗中心共有两层，设有多间水疗室，室外亦有面部护理和泰式按摩区，另设水力按摩池，著名疗程包括热石按摩。

资料

开放时间：
10:00~22:00

出发前必读

阁沙梅岛（苏梅岛）跟其他泰国旅游城市如普吉岛、清迈等非常不同，出行之前必须要留意。

1. 购物点欠缺

阁沙梅岛（苏梅岛）上的购物地点相当少，旅客在岛上活动多以享受度假村设施、水疗和水上活动为主，行程安排相当悠闲。如打算购物，可选择转机停留曼谷或普吉岛购物，再到阁沙梅岛（苏梅岛）享受悠闲假期。

2. 公共交通工具极少

岛上的公共交通网络尚未完善，如果没打算租车自驾，可找所住酒店代为安排，或参加当地旅行团的一日游，在行程安排上也需预留多点时间，避免因交通安排而不够预算。

泰国10大禁忌

泰国是佛教国家，生活上有很多独特习俗与礼仪禁忌，旅游时应该尊重当地文化、入乡随俗。否则不慎犯下某些禁忌，甚至触犯法律就是大事了，故出发前，请谨记以下10点！

2007年有一名瑞士游客对泰王肖像喷漆！最终被判入狱10年。

1. 泰王勿论

泰国人非常尊重泰王、王后以及王室家族，因此避免对王室照片指手画脚或加以批评，泰国法律有对王室不敬罪的处罚条例，绝对不能侮辱泰王，最高刑罚是入狱。

2. 头顶勿摸

绝对不要触及他人头顶。在泰国，人的头部被认为是精灵所在，如不小心触及应立即诚恳地道歉。泰国人更忌讳外人抚摸小孩的头，小孩子的头只允许国王、僧侣和自己的父母抚摸，即使理发师，理发前都会说声对不起。

3. 左手勿用

泰国人认为右手清洁而左手不洁，左手只能拿一些不干净的东西，用左手拿东西给别人会被认为鄙视他人。

4. 红笔勿用

泰国人不用红笔签名，因为泰国人死后，要在棺材口写上其姓氏，写时用的就是红笔。

5. 佛像勿爬

绝对不可以爬上佛像拍照，或对佛像做出有失尊敬的举动，遇见化缘的和尚，千万不能送现金，这是破坏僧侣戒律的。

6. 门槛勿踩

泰国寺院是神圣的地方，入寺时衣着应端庄自重，必须脱鞋，并注意不可脚踏门槛。

7. 僧侣勿掂

泰国僧侣不可与女性有任何身体接触，女士奉献财物时，可请男士代劳或直接放在桌上。

8. 臭脚勿举

不可用脚指人或物，这是被视为极度不礼貌的。

9. 车顶勿碰

泰国出租车的车顶，很多都有些白色佛印画，千万不要用手去碰它，尤其女性，因为那是出租车的护身符，每部新车落地时都要开光。

10. 旅游勿赌

泰国禁赌，即使在酒店房间内也不可玩牌或打麻将。

泰国十大必知

1. 历史、地理

泰国原名暹逻，位于东南亚中心地带，与马来西亚、缅甸、老挝及柬埔寨为邻，是佛教当家。面积约50万平方公里，与法国面积相若，人口约6000万。从地域上划分，泰国共分为北部山区、东北部、南部等5个主要区域，南部最为人所熟悉的便是阁沙梅岛（苏梅岛）与普吉岛。

阁沙梅岛（苏梅岛）：

阁沙梅岛（苏梅岛）又称为椰子岛，在旅游业兴起前，采椰是岛上的传统产业，近年为配合旅游业发展而砍伐了大片椰子树林，采椰业已经逐渐式微，现在只有到南部或山上才会找到这些失落工场。

阁沙梅岛（苏梅岛）近年更成为很多外国人置业的地方。纳通市(Nathon) 是阁沙梅岛（苏梅岛）上的行政中心，而人口最密集和繁荣的地方则是位于东岸的查汶海滩(Chaweng)。

2. 气候与衣着

阁沙梅岛（苏梅岛）属热带气候，全年天气炎热，但仍可细分为3个季节：

3月至5月为夏季，全年最热，气温可高达34℃~38℃，但天气最佳，背心短裤是最佳旅行装备。

6至9月是雨季，下雨可能持续数天，每天数小时。

10月到翌年2月为冬季，天气稍凉，23℃~32℃，雨量相对较少，只有部分日子因季风南下导致风浪较大，天色较差。

3. 时差

泰国时区属 GMT+7，比中国时间晚1小时，并无冬、夏令时间之分。

4. 人口

泰国人口约6000万，悠长的历史当中不断有外来移民，故泰国其实是由多种民族组成，主要有泰族、老族、华族、马来族、高棉族，以及苗、瑶、桂、汶、克伦、掸、塞芒、沙盖等山地民族，而且不同地区的泰人在体型、骨骼、高矮、五官轮廓，以至肤色深浅都有很大差别，而阁沙梅岛（苏梅岛）人口则有约5万。

5. 宗教

泰国是一个宗教自由的国家，不过在政治、文化及艺术上均可见佛教的深远影响，全国人口有90%为佛教信徒。从泰国的国家重要庆典以至民俗舞蹈，都带有浓厚的佛教色彩，就知佛教早已融入泰国人的生活中。

6. 语言

官方语言是泰语，在主要旅游地区如曼谷，旅游业者大都懂简单英语，重要的交通工具及道路，均有泰、英文对照。但大部分出租车司机都不懂英语，建议乘搭前先请酒店职员将目的地地址译成泰文，再交给司机。

7. 电压

与中国一样为220伏特，插头为两脚扁插，大部分五星级酒店均提供万能插头。

8. 货币

泰国的货币单位为泰铢(Baht)，读音为“啪”。泰国纸币面额为฿1000、฿500、฿100、฿50、฿20及฿10。而硬币面额则为฿10、฿5、฿1及50与25萨当。

兑换方法：

在泰国，现金与旅行支票都可自由兑换，一般银行或外汇交易店所给的汇率都比酒店优惠许多。

1人民币=5.1819泰铢（2013年11月）

信用卡：

泰国的酒店、餐厅及商店普遍接受主要的国际信用卡，如VISA、Master及银联等，但市集及街头摊档只接受现金，宜备足够现金应用。

现金提款：

在重要旅游点可见自动提款机，只要提款卡后有联营标志(如Cirrus及Plus)，并与自动提款机上的标志相同，便可提取现金，每次提款均需付手续费，汇率则以提款当天计算。

消费税：

泰国购物需付货品价格7%的消费税，部分酒店会在7%的消费税上，另加收10%的服务费，收据的价格旁会加有++的标志。

9. 重要电话

24小时报案	191
泰国公路警察	1193
曼谷旅游协助中心	+66-2-281-5051
泰国旅游警察(英语、法文及德文)	1155
泰国火警报案	199

泰国政府旅游局［素叻他尼府驻阁沙梅岛（苏梅岛）分局］

地址：370 Moo 3, Tambon Angthong, Amphur Koh Samui, Suratthani 84140

泰文地址：370 หมู่ 1 ตำบลอ่างทอง อำเภอเกาะสมุย สุราษฎร์ธานี

电话：+66-77-420-720

中国驻泰国南部宋卡总领事馆

地址：9 Sadao Road, Songkhla, Thailand

泰文地址：9 ถนนสะเดา จังหวัดสงขลา ประเทศไทย

电话：+66-74-326-793

医院

Bangkok Hospital Samui

地址：57 Moo 3, Thaweerat Phakdee Road, Tambon Bophut, Amphur Koh Samui , Suratthani 84320

泰文地址：57 ม.3 ถ.ทวีราษฎร์ภักดี ต.บ่อผุด อ.เกาะสมุย จ.สุราษฎร์ธานี 84320

电话：+66-77-429-500

网址：**http://www.samuihospital.com**

航空公司

泰国国际航空

电话：+852-2179-7700、+66-2-356-1111

网址：**www.thaiairways.com.hk**

曼谷航空

电话：+852-2899 2597、+66-77-422-234

网址：**http://www.bangkokair.com**

10. 通信

泰国的移动电话制式(GSM)跟中国相同，手机用户可直接使用漫游服务。如果联络频繁，使用当地电话卡会较划算，其中“Pre-paid”SIM卡在便利店和电信公司均有出售。以下为两家电信公司的电话卡收费：

1 One 2 Call

泰国最大的电信网络商AIG的服务，网络覆盖率最高，SIM卡的价格为฿300，内有฿50的通话费。致电当地电话在非繁忙时间为฿0.75，繁忙时间则为฿1。如使用iPhone，需要接收电邮或使用GPS地图，建议使用One 2 Call，但GPRS收费并不便宜，可购买GPRS卡使用，相对划算。增值卡面额从฿50起，最高为฿300。

2. Dtac Happy Card

收费较One 2 Call便宜，SIM卡只须฿48，内有฿20的储值额，增值额从฿20起，丰俭由人。但覆盖率较低，在偏远地区或海上较难接收。

致电方法

致电泰国：阁沙梅岛（苏梅岛）区号是077，手机电话开头为08。在泰国任何城市致电境内电话，要先在区号前拨0，再拨电话号码。往阁沙梅岛（苏梅岛）打电话，即077-XXX-XXX。

致电海外：中国的国际电话编号是86，致电回国建议使用价格较低廉的008字头(TOT)，即008-86-XXXX-XXXX，唯等候时间较长，亦偶有断线。如需要使用直线，可使用001，但收费非常昂贵。

专家指点：2552解码

在泰国街头、购物时的收据甚至月历，都会看到年份为2552，其实这是佛历。1954年，在印度举行的世界佛教徒友谊会决定将公元前543年佛陀去世定为佛历元年纪年，要把佛历转算成公元，只须将佛历年份减去543即可。

中国往返阁沙梅岛（苏梅岛）交通

从中国前往阁沙梅岛（苏梅岛），可选择从北京、广州直航阁沙梅岛（苏梅岛），或经曼谷等其他泰国城市转乘内陆机或长途巴士等前往。

曼谷转机须知

1. 去程即日转机、回程停留曼谷

基于航班时间所限，建议旅客去程时即日转机到阁沙梅岛（苏梅岛），回程时再停留曼谷。旅客飞抵曼谷国际机场前，须先填写泰国的出入境卡，降落后跟着转机指示“Transit / Transfer”进行入境手续。

2. 持有登机证走特快通道

到达转机大堂，前往阁沙梅岛（苏梅岛）、清迈、清莱和喀比，已持有下一程登机证的乘客可使用国内转乘的通道，如没有登机证的乘客，须向旁边的转机柜台查询。

3. 行李贴纸要保存

在转机柜台，职员会先检查登机证和护照，然后给予一张“International Baggage Claim”的贴纸，需小心保存至飞机抵达阁沙梅岛（苏梅岛）领取行李为止。之后是安全检查，旅客在此办理入境手续。

4. 留意登机闸口

通关后便是国内航线的候机大堂，旅客需留意航班的登机闸口，准时前往闸口登机。

专家指点：转机小贴士

国内航线的候机大堂只有一间餐厅和少量商店，食物种类选择也不多，如转机时间充裕又想吃饭，可在转机柜台旁乘扶手电梯到3或4楼的国际航线出境大堂，该处有大量商店和饭店，在航班起飞时间前30~40分钟回到转机柜台办理手续便来得及。

泰国国内往返阁沙梅岛（苏梅岛）交通

阁沙梅岛（苏梅岛）位于泰国南部，交通便利，游客可从曼谷或其他泰国城市，转乘内陆机、长途巴士、高速船＋豪华巴士，甚至自行驾车前往。若从陆路前往阁沙梅岛（苏梅岛），当车驶至南部的素叻他尼 (Surat Thani) 或 Don Sak，必须转乘汽车渡轮，才能抵达阁沙梅岛（苏梅岛）。

1. 航空交通

泰国各大城市，包括曼谷国际机场、芭提雅、清迈、喀比、普吉岛等，均有多条内陆航线前往阁沙梅岛（苏梅岛）国际机场。其中，来往阁沙梅岛（苏梅岛）和曼谷的航班最密，航程约50分钟，单程机票约฿2500。订购内陆航线机票，可通过航空公司网页，通常越早订购价格越便宜。

泰国国际航空网页：**http://www.thaiairways.com/index.html**
曼谷航空网页：**http://www.bangkokair.com/index.php**

内陆航线多使用俗称螺旋桨飞机的小型飞机，如ATR-72等。

2. 长途巴士

从纳通(Nathon)巴士总站出发

游客可从曼谷、普吉岛等泰国城市乘搭长途巴士前往阁沙梅岛（苏梅岛），收费便宜，其中曼谷往阁沙梅岛（苏梅岛）车程约12小时，票价最便宜只需฿521，已包括在路上餐厅用餐费用。曼谷市的车站位于南面的长途巴士总站(Southern Bus Terminal)，而阁沙梅岛（苏梅岛）的巴士站位于岛上西岸纳通市(Nathon) 的南面。从阁沙梅岛（苏梅岛）前往其他泰国城市，游客可在车站或岛上旅行社订购车票。

长途巴士虽然车程较长，但旅程颇舒服，沿途会有司机轮换，其中一段更会连人带车转乘汽车渡轮。

泰南边境城市合艾的巴士总站外，有多家公司提供前往马来西亚和新加坡的巴士服务。

往阁沙梅岛（苏梅岛）长途巴士资料

路线	所需时间	车费
曼谷—阁沙梅岛（苏梅岛）	约12小时	฿521~฿943不等
普吉岛—阁沙梅岛（苏梅岛）	约7小时	฿375
合艾—阁沙梅岛（苏梅岛）	约8小时	฿380

*车费视乎等级和车种而定。

3. 长途巴士＋高速船

相对长途巴士比较舒服，旅客可乘豪华巴士从曼谷或华欣出发往春蓬府(Chumphon)，然后转乘高速船前往阁沙梅岛（苏梅岛）、阁帕岸岛（帕岸岛）或阁道岛（龟岛），收费已包括高速船、长途巴士，以及酒店、机场和各海滩接送费用，巴士＋船的总时间约为12小时。

曼谷的车站位于著名的考山路（Khao Shan Road）附近，旅客需要先在网上或联络一下旅行社订票，职员会详细告知发车时间和接送安排。往返阁沙梅岛（苏梅岛）及曼谷收费฿1400，视乎班次和出发地而定。

位于阁沙梅岛（苏梅岛）湄南河（Mae Nam）的Lomprayah码头。

高速船公司资料：

资料

Lomprayah Speedboat ［阁沙梅岛（苏梅岛）］
电话：+66-77-427-765(6)
查询时间：7:00~23:00
网址：**www.lomprayah.com**

Lomprayah Speedboat (曼谷)
地址：154 Rambuttri Rd., Banglumpoo, Bangkok
泰文地址：154 ถนนรามบุตรี บางลำพู กรุงเทพฯ
电话：+66-2-629-2569-70

Seatran Discovery Link ［阁沙梅岛（苏梅岛）］
地址：36/14, Moo 4, Tambon Bophut, Amphur Koh Samui, Suratthani
泰文地址：36/14 หมู่ 4 ตำบลบ่อผุด อำเภอเกาะสมุย สุราษฎร์ธานี
电话：+66-77-246-086-8
网址：**www.seatrandiscovery.com/**

Seatran Discovery Link (曼谷Khao Shan Road)
地址：42 Wiengtai Hotel, Soi Rambuttri, Talad-yod, Bangkok
泰文地址：42 โรงแรมเวียงใต้ ซอยรามบุตรี ตลาดยอด กรุงเทพฯ
电话：+66-2-629-2833
网址：**www.seatrandiscovery.com**

4. 自驾游

近年泰国掀起自驾游热潮，从曼谷驾车前往阁沙梅岛（苏梅岛）车程约9小时(连汽车渡轮)，若从普吉岛往阁沙梅岛（苏梅岛）车程只需4~5小时(连汽车渡轮)。

5. 汽车渡轮

当车驶至泰国本岛南部，可在素叻他尼(Surat Thani)或DonSak，转乘汽车渡轮前往阁沙梅岛（苏梅岛），阁沙梅岛（苏梅岛）西岸的纳通市(Nathon)及南面的Donsak均设有汽车渡轮码头。汽车渡轮上层载客、下层载车，驾车的旅客可在码头买票，航程1个多小时，普通乘客收费约฿55，司机一人连私家车收费则约฿160。

从纳通码头前往素叻他尼的汽车渡轮，上层载客、下层载车。

阁沙梅岛（苏梅岛）前往阁帕岸岛（帕岸岛）、阁道岛（龟岛）交通

阁沙梅岛（苏梅岛）上有多个码头，由不同的船公司经营，提供前往阁帕岸岛（帕岸岛）和阁道岛（龟岛）的渡轮服务。

1. 高速船服务

阁沙梅岛（苏梅岛）上有多间船公司提供航班往来阁帕岸岛（帕岸岛）和阁道岛（龟岛），当中高速船航程较慢船快一倍，但收费也较贵，如阁沙梅岛（苏梅岛）前往阁帕岸岛（帕岸岛），收费为฿300。

高速船码头	
阁沙梅岛（苏梅岛）	湄南河快艇码头（Mae Nam Speedboat Pier）
阁帕岸岛（帕岸岛）	通萨拉（Thong Sala码）头
阁道岛（龟岛）	Mae Haad码头

位于阁道岛（龟岛）Mae Haad的Seatran码头。

位于阁道岛（龟岛）的Lomprayah码头，船未到岸便有很多人在排队上船找好位置。

位于阁帕岸岛（帕岸岛）的快速船码头。

船公司资料：

资料

Lomprayah Speedboat［阁帕岸岛（帕岸岛）］
电话：+66-77-238-411
查询时间：7:30~22:00

Lomprayah Speedboat［阁道岛（龟岛）］
电话：+66-77-456-176
查询时间：7:30~22:00

Lomprayah Speedboat［阁沙梅岛（苏梅岛）］
电话：+66-77-427-765(6)
查询时间：7:00~23:00
网址：**www.lomprayah.com**

Seatran Discovery Link［阁沙梅岛（苏梅岛）］
地址：36/14, Moo 4, Bophut, Koh Samui, Suratthani
泰文地址：36/14 หมู่ 4 ตำบลบ่อผุด อำเภอเกาะสมุย สุราษฎร์ธานี
电话：+66-77-246-086-8
网址：**www.seatrandiscovery.com**

2. 慢船服务——只限阁帕岸岛（帕岸岛）

阁沙梅岛（苏梅岛）的慢船码头位于曾蒙海滩区Big Buddha旁，目前只提供阁沙梅岛（苏梅岛）至阁帕岸岛（帕岸岛）的哈林半岛(Haad Rin)码头，使用较大的木船，航程约40分钟，前往参加满月派对最方便，收费฿200。(地图详见P.156)

专家指点：参加一日游有妙招

如打算前往阁道岛（龟岛）和阁帕岸岛（帕岸岛）过夜，又想顺道到南缘岛浮潜，建议参加由船公司举办的一日游，玩尽南缘岛后再乘船到阁道岛（龟岛）或阁帕岸岛（帕岸岛）继续行程，可省回一程的船票。

前往阁帕岸岛（帕岸岛）的码头。

阁沙梅岛（苏梅岛）码头电话：+66-77-375-113
帕岸码头电话：+66-77-484-668

阁沙梅岛(苏梅岛)内交通

1. 出租车

阁沙梅岛(苏梅岛)出租车为红黄色，车顶有“Taxi-meter”字牌，但岛上出租车大多不用表，近年当局进行整顿，按表收费一律加收฿90，以查汶到拉迈为例，车费฿150~300(日夜有异)。若要环岛游或前往偏远的景点，还是包车一天较好。

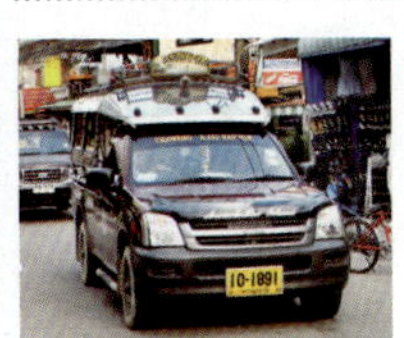

2. 双排车 (Songthaew) (สองแถว)

到泰国旅行最方便的就是乘坐笃笃和双排车，但阁沙梅岛(苏梅岛)只有双排车。在查汶海滩一带和码头附近不难找到其踪影。双排车都有指定的行驶路线，不过沿途随叫随停，路线会写在车头和车顶处，有些是循环路线，也有些往返查汶和拉迈之间，价钱约฿50，可议价，晚上收费会较贵。

3. 摩托车

在查汶街头有很多穿背心制服的人，会向游客招呼坐摩托车。此为阁沙梅岛(苏梅岛)上最便宜的交通工具，而且相当快捷，不过坐摩托车谨记小心，也不要让司机开太快，免生意外。上车前记得议价，价钱大概只需数十泰铢。

4. 租车自驾

a) 私家车

泰国跟中国驾驶方向不同，加上阁沙梅岛(苏梅岛)的公共交通发展不完善，所有公共交通工具也没有明确的价钱，往往对游客乱开价。若持有驾驶执照，租车自驾绝对是上佳之选。有关泰国租车自驾游的详情，请参阅别册——自驾车指南地图册。

b) 摩托车

除了私家车外，很多游客(尤其是欧美游客)喜欢租用摩托车，在阁沙梅岛(苏梅岛)租摩托车价钱相当便宜，约฿200一天。虽然摩托车可在小巷里穿梭自如，也可随处停车，可是阁沙梅岛(苏梅岛)的沙尘相当大，在马路上行驶有如吃沙，加上摩托车始终有一定的危险，部分人甚至无牌驾驶，所以租用摩托车前请三思，并最好戴头盔，即使发生意外也可减少伤亡。

c) ATV

ATV不是某家电视台，而是小型越野四驱车，近年在阁沙梅岛(苏梅岛)愈来愈普遍，也会在查汶街头看到欧美游客驾驶，虽然这种交通工具也要冒着沙尘行驶，但四个车轮始终较为安全。很多游客喜欢骑ATV到中部的山上，一方面比较便宜，另一方面也较安全。

5. 酒店专车接送

这是阁沙梅岛(苏梅岛)最安全而且舒适的交通方法，大部分酒店均有免费专车接送住客来往阁沙梅岛(苏梅岛)国际机场和酒店，位处较为偏远的酒店还会有定期班车往来查汶和拉迈两个海滩，详情需要留意每家酒店的发车时间表。另外，很多酒店也会有包车服务，如打算环岛一天游，价钱相对公道。

酒店、水疗Q&A

酒店篇

Q: 泰国酒店住宿的价钱怎样计算?

A: 基本上酒店的价钱以房间作为单位,不论1人、2人,甚至3人入住都一样收费,但有些酒店会对第三位客人收取加床费。

Q: 泰国的hotel和resort房间,分为多少种级数?

A: 一般可分为3种,最普通的room、贵一点的suite(套房)及villa(别墅)。通常别墅的面积最大,设施亦最豪华。

Q: 泰国酒店有什么免费服务?

A: 大部分四星级以上的酒店,都会于客人入住时赠送迎宾饮品或小食,房间内亦会准备果盘,以及两瓶赠送的矿泉水。

Q: 泰国的酒店房面积很大,可以一人租房,一家人加床过夜吗?

A: 若被酒店工作人员发现的话,酒店通常会向额外的住客收取加床费,但每间酒店收取的费用都有所不同。

Q: 蜜月布置要怎样安排才好?

A: 只要客人在订房时通知酒店假期性质,便会有相关布置。有些酒店甚至会有礼物或特别服务。

专家指点:最佳美味都在酒店里!

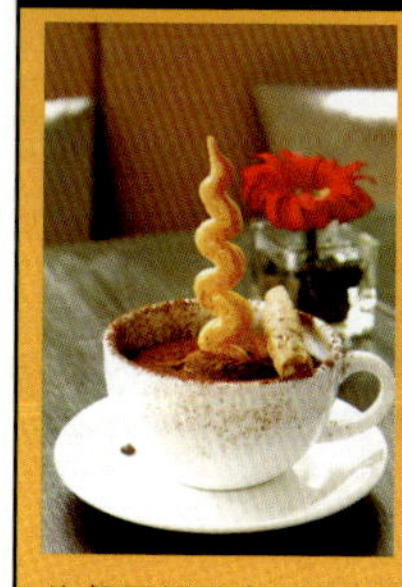

酒店餐厅往往给人又贵又不好吃的感觉,但阁沙梅岛(苏梅岛)上的最佳美味绝大部分均设于酒店内,品质相当高,而且价格跟街上的餐厅差不多!即使并非自己下榻的酒店,亦建议大家参考本书中推荐的餐厅和水疗中心,安排好饭食!

水疗篇

Q: 何谓SPA?

A: SPA一词,最早出现于1610年,源于拉丁文"Solus Por Aqua",意思是经由水而痊愈。更深入的解释是,利用水的物质特性、温度或冲击,达到保养和健身的效果。现在的SPA还增加了听觉、味觉、触觉、嗅觉和视觉等感官享受。

Q: SPA跟按摩院有何分别?

A: 按摩院只提供各项按摩服务,而SPA则提供水疗与按摩,缺一不可。

Q: 泰国的按摩,一般分为多少种风格?

A: 泰国最常见的按摩有泰式、巴厘岛式和瑞典式3种。

泰式按摩:按摩师会为客人进行拉筋或压缩的动作,目的是令客人舒展身体,按时力度大,适合受得力的客人。

巴厘岛式按摩:按摩师先以精油搓热双手,然后以手指和手掌为客人进行全身按摩,能促进血液循环、消除疲劳和缓和肌肉疼痛。

瑞典式按摩:按摩力度最轻,按摩师会以按摩油在肌肤表层循环轻揉,以求放松紧张的肌肉及情绪。

Q: 泰国的SPA,是否设有像米其村般的星级制度?

A: 泰国政府的公共卫生局,会对环境安全、治疗师及行政管理等方面达标的SPA发出水疗证,及贴上"Thai SPA, World Class"的标贴以识别,并每年重新审核,以保证品质。但有部分SPA为求雅观,并未有展示标贴,故游客选择SPA时,应注重口碑,或者在选择前先行参观。

Q: SPA一共有多少种类?

A: 现时,国际水疗协会将SPA分为7大类,分别是酒店、健康度假村、日间、医疗、邮轮、矿物泉及会所,前四类都可以在泰国找到。

Q: 按摩后,需要给小费吗?

A: 可以不付,不过泰国一般按摩师每日工作十个多小时,月薪只有HK$1200至2200,绝对是辛苦钱,若然真的按得好,不妨给几十铢打赏。

Q: 进行按摩或水疗前,应该饱腹还是空腹?

A: 建议进行水疗前1小时进食少量食物,太饱或有饥饿感都会产生不适,影响疗程效果。

Q: 按摩须知?

A: 每人喜欢的按摩力度都有所不同,假若疗程中感到治疗师力度过重或过轻,都应即时提出调整,切忌默默忍受,引致弄伤身体。

备注: *以下酒店房价均为酒店提供的参考价,预订房间可以向旅行代理商或在酒店网站订购,价钱更超值。
*餐厅所列人均消费以前菜、主菜、甜品和饮品计算,实际价格因人而异。